本书由贵州大学引进人才科研项目“习近平民

（编号：贵大人基合字［2023］019

梁兆桢 著

马克思主义与中华优秀传统文化的融合探索

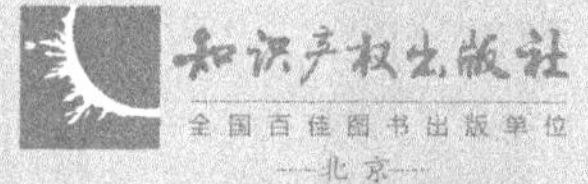

图书在版编目（CIP）数据

马克思主义与中华优秀传统文化的融合探索 / 梁兆桢著．—北京：知识产权出版社，2025.6. — ISBN 978-7-5130-9664-5

Ⅰ. D61；K203

中国国家版本馆CIP数据核字第20249835NW号

内容提要

本书立足中国式现代化实践，首次系统构建马克思主义基本原理与中华优秀传统文化深度融合的理论框架。以“双螺旋互动机制”为核心范式，通过文献分析、历史比较与案例实证，揭示马克思主义中国化进程中文化基因的创造性转化逻辑。提出“融合价值—融合实践—融合路径”的三元融合模型。结合当代中国实践案例，论证传统文化资源在马克思主义本土化创新中的独特作用，提炼出“双向赋能”的融合路径与评价指标体系。为新时代文化自信建设提供学理支撑。

本书可供马克思主义理论、中共党史党建相关专业硕博研究生、思政课教师研修参考。

责任编辑：曹婧文　　**责任印制：**孙婷婷

马克思主义与中华优秀传统文化的融合探索

MAKESIZHUYI YU ZHONGHUA YOUXIU CHUANTONG WENHUA DE RONGHE TANSUO

梁兆桢　著

出版发行：	知识产权出版社有限责任公司	**网　　址：**	http：//www. ipph. cn
电　　话：	010-82004826		http：//www. laichushu. com
社　　址：	北京市海淀区气象路50号院	**邮　　编：**	100081
责编电话：	010-82000860转8763	**责编邮箱：**	laichushu@cnipr. com
发行电话：	010-82000860转8101	**发行传真：**	010-82000893
印　　刷：	北京中献拓方科技发展有限公司	**经　　销：**	新华书店、各大网上书店及相关专业书店
开　　本：	720mm × 1000mm　1/16	**印　　张：**	14.25
版　　次：	2025年6月第1版	**印　　次：**	2025年6月第1次印刷
字　　数：	230千字	**定　　价：**	68.00元

ISBN 978-7-5130-9664-5

前 言

马克思主义同中华优秀传统文化之间的高度契合性是二者能够相互结合、相互成就的前提条件、内在根据和深层原因。马克思主义基本原理同中华优秀传统文化相结合是实现中华民族伟大复兴的必由之路，是中国特色社会主义道路行稳致远的奥秘所在。

基于此，本书以“马克思主义与中华优秀传统文化的融合探索”为题。首先，以马克思主义的来源与组成、马克思主义的基本特征、马克思主义中的可持续发展思想为切入点，阐述马克思主义；其次，从世界的物质性及发展、唯物辩证法及其思维创新、认识的本质与真理的发展来解释马克思主义的哲学原理；再次，论述马克思主义中国化及其网络传播、中华优秀传统文化及其主体自觉、马克思主义与中华优秀传统文化的融合及内容；最后，通过吸取历史的主要经验、破解责任主体面临的困境、增强文化自觉与文化自信、突破文化传播的难题来研究马克思主义与中华优秀传统文化融合的根本途径。

本书的特点在于全面系统地梳理了马克思主义的基本知识，不仅涵盖了马克思主义的原理，还结合了中华优秀传统文化，二者相辅相成。通过阅读本书，读者可以深入了解马克思主义与中华优秀传统文化。

本书在写作的过程中得到许多专家学者的指导和帮助，在此表示诚挚的谢意。书中所涉及的内容难免有疏漏与不够严谨之处，希望读者和专家能够积极批评指正，以待进一步修改。

梁兆桢

2024 年 10 月

目　录

第一章　马克思主义相关理论及马克思主义中国化

第一节　马克思主义的来源与组成

一、马克思主义的来源

马克思主义的起源可追溯到 19 世纪初的德国，这一时期正是资本主义兴起的阶段，工业革命推动着社会经济结构的深刻变革。在这个背景下，社会阶级矛盾逐渐加剧，工人阶级日益崛起。马克思对当时的社会状况进行了深刻的剖析，认为资本主义制度是导致社会不平等和阶级斗争的根本原因。他关注工人阶级的处境，强调了劳动力的价值和剥削的本质。这一时期的社会环境为马克思主义的形成提供了深刻的社会基础。❶

马克思主义的思想渊源不仅源于对当时社会的观察，更得益于马克思与恩格斯等思想家的合作与深入研究。马克思和恩格斯在共同的探讨中逐渐形成了一种对资本主义社会的深刻洞察和对社会变革的设想。

此外，马克思主义的来源还可以追溯到马克思个人的学术成长历程。马克思受到黑格尔哲学、英国古典政治经济学等多个学科的影响。他深入研究哲学，尤其是黑格尔的辩证法，将其运用到对社会历史发展的理解

❶ 尚文勤．马克思主义哲学的社会意识思想解析 [J]. 黑河学院学报，2024，15（8）：33.

中。同时，马克思对政治经济学的研究使他对资本主义体制的内在矛盾有了更为深刻的认识。他的学术研究奠定了马克思主义理论体系的基础，为后来的社会主义思潮提供了理论支持。

马克思主义的来源既受到19世纪初德国社会变革的影响，也得益于马克思与恩格斯等思想家的深入研究和合作。通过对当时社会状况的深刻剖析、对哲学和政治经济学的学术探讨，马克思主义在不断发展中形成了独特而丰富的理论框架。其深邃的思想为理解和改变社会提供了坚实的基础，也为后来的社会主义运动注入了强大的理论动力。

二、马克思主义的组成

马克思主义作为一种综合性的思想理论体系，包括哲学基础、政治经济学理论和社会历史观等多个要素。这些组成部分相互交融，共同构成了马克思主义的理论体系，为理解社会历史发展、揭示阶级矛盾和推动社会变革提供了深刻的分析框架。

马克思主义哲学基础是辩证唯物主义和历史唯物主义。辩证唯物主义认为一切事物都是相互联系、相互作用的，强调矛盾的存在是事物发展的动力。历史唯物主义则是辩证唯物主义在社会历史领域的应用，强调社会发展是由于生产力的变革而引起的，历史的推动力在于阶级斗争。这两者构成了马克思主义的哲学根基，为后续政治经济学理论和社会历史观提供了思想基础。从理论构建来说，马克思主义哲学具有深度的思辨性，它作为来自群众阶级生活并指导群众阶级解放的“活的哲学”，作为具有直接批判和改造世界观方法论效能的“行动哲学”，以及作为在“阶级社会消灭”之前目光长远且理想高尚的“未来哲学”，是具有解读人类生活之过去、现在和未来的能力的。[1]

政治经济学理论是马克思主义的重要组成部分。马克思对资本主义经

---

[1] 税强，刁俊文．马克思主义哲学生活化叙事的理据、阻碍与策略——以提升解释能力为中心[J]．学习论坛，2023（4）：101.

济制度进行了深刻的剖析，提出了剩余价值理论，揭示了剥削的机制。资本主义制度下，生产过程中工人创造的价值大于他们所获得的工资，多余的价值被资本家占有，导致社会阶级矛盾不断加深。政治经济学理论不仅揭示了资本主义经济的内在矛盾，也为社会主义经济构想提供了理论基础，强调社会主义经济应该建立在生产资料的公有制基础上。

社会历史观是马克思主义理论的又一重要支柱。马克思主义强调历史是阶级斗争的历史，社会的发展是阶级斗争的结果。他对历史的分期和社会演进的理论为人们提供了一种全面的、历史的解释框架。通过对封建社会、资本主义社会的分析，马克思主义揭示了阶级社会的内在规律，为实现社会主义和共产主义的理想提供了历史的合理性依据。

马克思主义还包括关于意识形态、国家和革命的理论。其关于意识形态的分析强调意识形态是上层建筑的一部分，反映了社会经济关系的实质。关于国家的理论则认为国家是阶级统治的工具，为维护统治阶级的利益而存在。马克思主义关于革命的理论则强调社会变革是通过阶级斗争和革命来实现的，唤起了工人阶级的自觉和行动。

马克思主义的组成部分相互联系，构成了一套系统完整的社会理论体系。哲学基础为理论奠定了基本原则，政治经济学理论深入剖析了资本主义经济的实质，而社会历史观则为理解社会发展提供了全面且有力的框架。[1]这一理论体系激发了无数人为实现社会公正、解决阶级矛盾而奋斗。

第二节　马克思主义的基本特征

一、人民性

马克思主义政党的一切理论和奋斗都致力于实现以劳动人民为主体的最广大人民的根本利益，始终把人民放在心中最高位置，这是马克思主义最鲜

[1] 张雷声．马克思主义整体性的三个层次 [J]. 思想理论教育导刊，2008（2）：44-47.

明的政治立场。之所以如此，是因为人民群众是历史的创造者，是社会主义事业的依靠力量。马克思主义之所以具有跨越国度、跨越时代的影响力，就是因为它植根人民之中，指明了依靠人民推动历史前进的人间正道。

马克思主义的人民性根植于无产阶级的阶级本质，是其革命先进性的理论凝练。与传统意识形态服务统治阶级的本质不同，该理论首次以人民立场为逻辑基点，构建追求全人类自由解放的科学体系，为消除阶级压迫、实现社会平等与人的自由发展确立实践坐标。作为无产阶级的阶级意识与世界观，其人民性在于揭示解放路径的辩证统一：唯有彻底否定私有制的无产阶级，因革命彻底性能够成为人类解放事业的领导力量；而实现自身解放的终极条件，必然蕴含于推动全人类的解放进程。这种阶级性与人民性的内在融合，使马克思主义超越历史局限，成为指导现代社会变革的真理力量。[1]

二、革命性

马克思主义的革命性，集中表现在以下两个方面。

第一，坚持唯物辩证法，具有彻底的批判精神。辩证法在对现存事物肯定的理解中同时包含否定的理解，即对现存事物的必然灭亡的理解；辩证法对每种既成的形式都需要从不断的运动中去理解，也要从辩证法的暂时性方面去理解。辩证法不崇拜任何东西，按其本质来说，它是批判的和革命的。

第二，具有鲜明的无产阶级立场。马克思主义的阶级基础是革命的无产阶级。它是指引无产阶级革命斗争、指引无产阶级政党进行社会革命和自我革命，以及指引社会主义建设与改革事业不断发展的行动指南。在无产阶级解放斗争和社会主义事业发展的任何时期，都必须始终坚持马克思主义的革命性，发扬马克思主义的革命精神。

---

[1] 任晓伟，张雨寒．论人民性是马克思主义的本质属性 [J]. 理论学刊，2023（2）：52-59.

马克思主义的革命性是建立在科学性基础上的，是与科学性高度统一的。马克思主义对世界各国社会主义者所具有的不可遏止的吸引力，就在于它把严格的和高度的科学性同革命性结合起来，并且不仅仅是因为学说的创始人兼有学者和革命家的品质而偶然地结合起来，而是把二者融合及不可分割地结合在这个理论本身中。[1]

三、科学性

马克思主义正确反映了自然、社会和人类思维发展的本质和规律，是由马克思主义哲学、马克思主义政治经济学和科学社会主义学说共同组成的科学理论体系。它是在总结无产阶级斗争经验和人类自然科学、社会科学优秀成果的基础上产生的，并在自身发展过程中不断总结实践经验，吸取自然科学和社会科学发展的最新成就。

马克思主义具有科学的世界观和方法论基础，即辩证唯物主义和历史唯物主义，这是马克思主义的一个突出特征和理论优势，也是马克思主义科学性的重要体现。马克思主义坚持辩证唯物主义和历史唯物主义的世界观和方法论，用生产力和生产关系、经济基础和上层建筑的矛盾运动来解释人类历史的发展变化，把生产力作为推动社会前进最活跃、最革命、最根本的力量，科学分析了资本主义社会的内在矛盾，深刻揭示了历史发展的客观规律，创立了科学社会主义，为人类社会发展进步指明了正确方向。

四、发展性

马克思主义是不断发展的理论，始终站在时代前沿，具有与时俱进的理论品质。在马克思主义的理论体系中，马克思、恩格斯关于马克思主义理论的科学成果，是这个体系的源头，它规定了马克思主义的基本框架、

---

[1] 中共中央马克思恩格斯列宁斯大林著作编译局．列宁专题文集论辩证唯物主义和历史唯物主义 [M]. 北京：人民出版社，2009：213-214.

基本逻辑、基本原则、基本方向，但这不是马克思主义的全部。这个理论体系还包括许多社会主义政党把马克思主义同具体国情相结合而产生的一系列科学理论成果，其随着时代的发展而不断得到丰富和发展。

马克思主义是开放的理论，不断吸取人类最新的文明成果来充实和发展自己。马克思主义形成过程中吸收和改造了几千年来人类思想和文化发展中一切有价值的成果。马克思主义发展过程中，借鉴和吸收了人类对自然、社会历史及人的思维和自身认识的新观念、新思想、新学说、新理论，以保持自身理论的先进性和发展性。

马克思主义在指导中国革命、建设、改革的过程中，形成了一系列马克思主义中国化的理论成果，鲜明地体现了马克思主义创新发展的品格。在新的时代条件下，人们面临着许多新情况、新问题，需要从理论和实践上对这些问题作出回答并加以解决。因此，我们必须紧跟时代步伐，不断充实和完善马克思主义理论。我们既要坚守马克思主义的基本原则，又要开拓新的理论境界；既要传承优良作风，又要探索新的实践经验，勇于在思想解放中达成共识，以发展着的马克思主义引领新的实践探索。[1]

五、实践性

马克思主义来自实践，并在实践中不断得到证明和发展。实践的观点是马克思主义首要的和基本的观点，这一基本观点体现在马克思主义全部思想内容中。马克思主义不是书斋里的学问，而是为了改变人民历史命运而创立的，是在人民求解放的实践中形成的，也是在人民求解放的实践中丰富和发展的科学理论。马克思主义具有突出的实践精神，它始终强调理论与实践的统一，始终坚持与社会主义实际运动紧密结合。以马克思主义为指导的世界社会主义运动，本身就是马克思主义的实践形态。实践推动

---

[1] 陈锡喜．不断开辟21世纪马克思主义发展新境界[J]．思想理论教育导刊，2016（9）：36-41.

理论的发展，理论又指导实践的深入，理论和实践相互作用、相互促进，不断促进马克思主义理论走向成熟，不断引导实践的深化和成功。

第三节 马克思主义中的可持续发展思想

一、可持续发展思想理论及哲学意义

（一）可持续发展思想的理论意蕴

可持续发展包含“可持续”与“发展”两个关键词，“可持续”的概念最早可追溯至20世纪初的生态学领域，最初用于描述可持续收获与最大收获的平衡，后逐步演化为涵盖人类福祉的综合性框架。其强调人造资本、社会资本与自然资本三类储备的非递减状态，以维系社会与自然长期共生的动态平衡。从马克思主义的发展观来看，发展作为一个新事物代替旧事物的动态过程，是进步和向上的体现。[1]

马克思历史唯物主义集解释世界与改变世界于一体，同时兼具哲学和科学双重意蕴。从历史科学的角度出发看待马克思的历史唯物主义，它体现为一种发展的理论；从世界观革命的角度看待马克思的历史唯物主义，它则表现为一种发展观。就经济发展而言则是可持续的经济发展观。换言之，经济的发展既要满足人们的物质文化生活需要，也要对自然以及生态环境的开发及利用保持在适度的范围，以实现经济的可持续发展。

（二）可持续发展观的哲学意义

第一，体现在整体与部分的相互关系中。当今的经济发展，物质活动创造的财富仅是一部分，可持续发展集中了无数个部分的整体性发展。因此注重经济发展时，人们不仅要考虑自身当前的需要，更要为未来发展预

[1] 王晶．马克思可持续发展思想及其当代意义 [D]. 北京：首都师范大学，2013.

留空间。近代西方资本主义国家通过暴力、强制移民、市场垄断等方式控制主要能源和自然资源，推行工业化进程，这种杀鸡取卵式的经济手段严重破坏了自然环境和生态平衡，不利于整体与部分的发展。

第二，系统内部各要素相互联系、相互作用。可持续发展包括与人共同发展的各个社会因素，如科技、文化等。科学技术这把“双刃剑”，正反效应日渐突出，在为经济生活带来极大促进作用的同时，人在工具理性的操控下，渐渐失去批判和否定的能力，成为单向度的人。文化作为精神因素，引领正确积极向上的精神生活，引导树立正确的思维观念，是保证经济、科技等内部诸要素协同发展，及构成可持续发展的重要条件。

第三，可持续发展中的矛盾集中体现在人与自然、经济与自然、人与人之间的关系中，如何解决主要矛盾和次要矛盾需在可持续发展的理念下统筹考虑。[1] 人与人关系的和谐是可持续发展的本质追求，人与自然之间的关系是生存和发展的基础，经济与自然的关系决定着经济的发展状况，可持续发展作为一种发展观，其哲学意义在于启迪人如何发挥主观能动性，反思如何改善当下人与自然的关系、如何改变未来经济的发展方向、如何调整人类文明的走向，协调物质领域、精神领域和文化领域的相互关系，关系到整体的和谐统一和发展。

二、马克思主义可持续发展思想中国化理论

现阶段中国可持续发展理论，是中国特色社会主义理论体系的重要组成部分。在实践中要不断探索经济、环境、人的相互关系，坚持生产发展和生态平衡相互协调、坚持人与环境的和谐状态，走可持续发展的道路，实现从“站起来”到“富起来”，再到“强起来”“美起来”伟大历程的跨时代超越。

---

[1] 冯华．可持续发展理论在中国的思想渊源考察 [J]. 复旦学报（社会科学版），2002（4）：50-55.

（一）中国可持续发展的历程及制度

早在 1982 年 9 月，中国共产党就已经意识到农业发展中保持生态平衡的重要性；1992 年，我国政府编制了《中国 21 世纪人口、资源、环境与发展白皮书》，首次将可持续发展纳入经济和社会发展战略规划当中，充分说明可持续发展在我国整体规划中的重要地位。此后，我们党将生态环境问题纳入重要议程，明确人口发展、环境保护和生态问题在经济社会发展中的关键地位，彰显对生态问题的高度重视；进而提出合理利用土地、矿藏、森林、水等自然资源，着力改善生态环境的主张；针对我国人口基数大而自然资源相对匮乏的现状，可持续发展战略被确立为现代化进程中的关键举措；继而持续强化可持续发展能力建设，以实现小康社会为目标，倡导科学发展观，并围绕“大力促进生态文明建设”这一主题，从优化国土空间开发格局、加强自然生态系统和环境保护、推进生态文明制度建设三方面系统部署可持续发展路径；将生态文明建设提升为千年大计，确立社会主义生态文明观，擘画美丽中国建设蓝图；坚定贯彻“绿水青山就是金山银山”理念，立足人与自然和谐共生，统筹谋划发展全局。[1]

中国可持续发展的实施始终在马克思主义科学理论的指导下，坚持人与自然和谐共生，推动绿色消费，共创美好生活，在长期的社会实践中摸索出一条中国特色社会主义可持续发展道路。

（二）马克思主义可持续发展理论中国化的成果

马克思主义中国化时代化的理论成果以马克思主义基本原理为基础、以实事求是为理论精髓，统一于人民至上的价值旨归和实现中华民族伟大复兴的历史进程，是一个逻辑严密、不断发展的理论体系，开辟了马克思主义中国化时代化的新境界。[2]

---

❶ 丁琦．马克思主义经济与可持续发展思想研究 [J]. 现代商贸工业，2023，44（13）：30.

❷ 肖贵清．新时代马克思主义中国化时代化研究的几个问题 [J]. 世界社会主义研究，2024，9（6）：4.

1. 马克思主义可持续发展思想的若干启示

（1）正确认识经济发展目标与社会发展目标的关系

传统发展观中一度只把经济增长设定为发展目标，而把有关人和社会其他方面的发展看作是经济发展的自然结果，缺乏以人的全面发展为目标的经济与社会协同发展的目标设定，导致实践上盲目追求经济增长，忽略了社会制度建设对于人的全面发展目标的有效引导。发展是硬道理，关键是发展经济[1]，这些原则和论断都是适应当时中国社会历史背景提出的基本国策，为摆脱指导思想上重意识形态轻经济发展的危害和促进中国社会进步发挥了重要作用。随着改革的深入，经济社会的日益繁荣发展强烈呼唤着社会系统的全面发展，否则经济社会的发展也将难以为继，缺乏必要的多维社会资本支持，这要求在现实工作中，必须正视经济发展与整个社会发展目标之间的关系，认识到经济发展是社会发展的基础，但不是唯一目的，社会发展是合规律性与合目的性的统一。

（2）注重提高人的素质

走社会可持续发展的道路，必须以人的全面发展为终极目标，因而必须加强对于教育和人才的重视，始终为提高人的素质而努力。

第一，加大对于教育的投资，坚持教育在社会可持续发展中的基础地位，始终重视人力资本的培育和积累。作为社会可持续发展必要手段的教育不仅应该包括基础教育，还应该包括形形色色的职业技术教育、文化艺术修养培育、科学研究、社会道德规范教育以及适应现代政治文明的公民教育等内容，维持社会整体和谐发展。

第二，培育尊重个人价值的社会氛围，巩固多维教育的成果。努力消除以成败论英雄的单一社会成功评价标准的消极影响，尊重个人权利，尊重个人的基本人格，鼓励人的全面发展。

第三，建设以弘扬社会正义、凝聚和引领公民价值观为核心内容的社会政治文化，引导社会成员热爱社会秩序，在秩序的规则下寻求个人利益诉求的表达和满足。

---

[1] 陈金龙. 五大发展理念的多维审视 [J]. 思想理论教育，2016（1）：4-8.

（3）健全和完善合理的社会制度

公平性原则是可持续发展的一个基本原则，这一原则既包括代际公平原则，也应该包括代内公平和国度公平原则。从国际上看，全球性问题是世界各国面临的共同问题，需要国际协商合作，无论发达国家还是发展中国家都应付出各自的努力，切实改善人类生存环境，任何国家的发展都不能无视他国的利益，应在维护本国利益的同时，不违背整个人类的长远利益和根本利益，突破国家利益的局限，从人类可持续发展的角度建立新的国际秩序，公正、合理、平等协作地解决全球问题。从国内看，健全和完善合理的社会制度，应该遵循民主、平等的原则主张社会正义，通过宪法和社会主义法治体系保障公民基本权利，构建公权力运行的制度化约束机制[1]，以此构建和谐的人与人、人与社会的关系，最终实现善治，从人、自然、社会和谐关系的角度来认识可持续发展的问题，健全和完善合理的社会制度。

2. 推动绿色消费，创建美好生活

随着我国国民经济水平的不断提高和人民对美好生活的向往，国民的环保意识不断提升，人与自然的和谐发展成为现今人们面临的重要问题，转变生产模式，走可持续发展道路是我们的必然选择和必经之路。

全面建成小康社会，人民群众对于美好生活的定义和追求也赋予了时代新的内涵，需要也逐渐变得广泛而多元。[2]从过去的“求温饱”到现在的“盼环保”，到希望生活的环境优美宜居，能喝上更加干净的水，呼吸更加清新的空气，吃上更加健康的食品，生活得更加幸福，成为我国坚持以人为本的前提下，民之所望，施政所向。提倡绿色消费不仅能保护人们的生活环境，还能将人们的切身利益与环保需求有机结合，从而引导公众树立科学消费观，真正提升人们对绿色消费的认知。

---

[1] 向玉乔．社会制度实现分配正义的基本原则及价值维度 [J]. 中国社会科学，2013（3）：106.

[2] 沈湘平，刘志洪．正确理解和引导人民的美好生活需要 [J]. 马克思主义研究，2018（8）：125-132，160.

要全力打造绿色消费环境，政府应加大对人们的思想引导，从根本上改变人们对消费观念的认知。加大对绿色产品的监督力度，保证消费主体的信心和认同度。加大对绿色消费的宣传教育，使人们真正认识到人与环境、资源相互关系的重要性。真正做到人、经济和环境的相互和谐和可持续发展。

3. 坚持追求人与自然和谐发展

不断地追求人与自然和谐发展，是实现人的全面发展的正确价值取向，是真正意义上的可持续发展。生态文明建设作为反映人与自然和谐程度的新型文明形态，在注重高质量发展的今天，我国对于构建可持续发展的生态文明建设进程中所存在的问题有着清晰的认知。从马克思主义认识论的基本原理来看，发展是曲折的，在前进的进程中总会有新的问题不断涌现，在处理人与自然、经济的关系时，在总结以往实践的基础上，我国明确提出“坚持人与自然和谐共生”的可持续发展理念；在面对具体问题和矛盾冲突取舍的艰难时刻，我国进一步指出贯彻可持续发展理论，要“像对待生命一样对待生态环境”，为深入贯彻执行这一方针，我国提出了“实行最严格的生态环境保护制度”等方针；甚至提出了“打赢蓝天保卫战”的理念来解决环境资源问题。这一切都彰显出党中央注重可持续发展的意志与决心。[1]

第四节　马克思主义中国化的基本原理

一、我国社会主义的完善与发展

（一）调节社会主义社会的基本矛盾

与以往阶级社会的基本矛盾相比，社会主义社会的基本矛盾主要表现

---

[1] 丁琦．马克思主义经济与可持续发展思想研究 [J]. 现代商贸工业，2023，44（13）：30.

为人们在根本利益一致基础上的人民内部矛盾，因而不具有阶级对抗的性质。社会主义生产关系和上层建筑尚存在不适应生产力发展的某些环节和方面，其具体体制甚至可能严重阻碍生产力的发展，影响社会主义根本制度优越性的发挥。只有自觉不断地改革生产关系和上层建筑中不适应生产力发展的环节和方面，才能使生产力得到进一步解放和发展，使社会主义充满生机和活力。

（二）完善社会主义的基本制度和体制

社会主义制度的建立，是对人类社会延续了几千年的剥削制度的否定，是一个从不完善到逐步完善的过程。在这个过程中，基本制度和具体体制的建立、更新和完善是至关重要的。唯有经常不断地、全面系统地改革创新，才能建立健全真正体现社会主义优越性的政治、经济、文化体制及其一系列相关制度，使社会主义物质文明、政治文明和精神文明协调发展、全面进步。

改革开放是当代中国命运的决定性选择，是通向中国特色社会主义伟大事业和实现中华民族伟大复兴中国梦的必由之路。只有社会主义能够拯救中国，而改革开放则是推动中国发展、壮大社会主义事业、丰富和发展马克思主义的唯一正确道路。

中国特色社会主义伟大旗帜，是当代中国发展进步的旗帜，是全党全国各族人民团结奋斗的旗帜。改革开放是发展中国特色社会主义的强大动力，科学发展、社会和谐是发展中国特色社会主义的基本要求，是全国各族人民的根本利益所在。中华民族、中国人民迎来了从“站起来”“富起来”到“强起来”的伟大飞跃，这一切成就都离不开马克思主义对中国特色社会主义发展道路的有力指导。[1]

中国特色社会主义道路，就是在中国共产党的领导下，立足基本国

[1] 周婷，付蓉．从马克思主义视角探究中国特色社会主义发展道路的理论与实践 [J]. 秦智，2024（9）：1.

情，以经济建设为中心，坚持改革开放，解放和发展社会生产力，巩固和完善社会主义制度，建设社会主义市场经济、社会主义民主政治、社会主义先进文化、社会主义和谐社会、社会主义生态文明，建设富强民主文明和谐美丽的社会主义现代化强国。中国特色社会主义道路之所以完全正确，之所以能够引领中国发展进步，关键在于我们既坚持了科学社会主义的基本原则，又根据我国实际和时代特征赋予了其鲜明的中国特色。在当代中国，坚持中国特色社会主义道路，就是真正坚持社会主义。

二、社会主义核心价值观及体系构建

（一）社会主义核心价值观相关理论

1. 价值观

（1）价值观的特征

在马克思主义看来，价值反映了主客体间的相互关系，是客体满足主体需要的属性，而价值观作为一种主观认识和判断，是基于人的一定的思维感官而作出的认知、理解、判断和抉择，是人们关于事物有无价值、价值大小等的基本认识和看法。[1]价值观反映了人们的认知和需求状况，又是对特定社会历史状况和时代特点的主观反映。它具有以下三个基本特点。

第一，能动性。价值观作为一种社会意识形态，既是对社会现实的能动反映，受社会存在的影响与制约，又非完全被动，而是能够对社会存在产生积极或消极的反作用，推动或阻碍社会的发展进程。其蕴含的认知、导向及教育等强大功能，使得社会各界，尤其是社会管理者，高度重视并致力于发挥价值观的重要作用。

第二，主体性。价值观是人类所特有的现象，而人又是存在主体差异性的。这明显表现为，对同一事物、现象和问题的认识、分析和评价会因主体的不同而不同。造成主体认识差异的原因是多种多样的，而其中起决

---

[1] 杨耕．价值、价值观与核心价值观 [J]. 北京师范大学学报（社会科学版），2015（1）：16-22.

定作用的就是人们自身在社会经济关系中的地位和角色。同时，主体因文化教育水平、民族、习惯等不同也会产生不同的价值选择和判断。这些都导致了同一社会当中，不同社会成员在价值选择、判断中的多样性。

第三，社会历史性。价值观作为人的主观意识，不是凭空产生的。从表面看来，价值观是人的一种主观认识和判断。但从根本来看，价值观是对特定社会历史时期客观现实的一种反映，受社会生产条件的影响和制约。在整个人类社会发展的过程中，不同历史时期的人们所具有的价值观是不同的，而特定价值观必然带有那个时代的鲜明特色，反映特定时期的社会生产状况和人们的总体认知情况。价值观不是固定不变的，随着社会历史的变化发展，价值观又是不断变化发展的。

（2）价值观的功能

第一，认知功能。价值观是人们对客观世界及行为的评价和看法，因此，它在某个方面反映了人们的人生观和世界观，反映了人们的认知和需求状况。而人的认知和需求又是建立在特定社会历史基础和条件上的，因为，通过对价值观的分析和研究，不仅能够了解人在某方面的认知能力和需求状况，同时也反映了特定社会历史的政治、经济、文化等发展状况。

第二，教育功能。价值观教育旨在通过多样化的手段与途径，在社会中广泛传播、正确引导和积极示范特定的价值理念，以期在全社会范围内普及这些价值观。先进的价值观能够帮助人们清晰区分善恶、明辨正义与非正义，进而树立正确的价值导向。[1] 同时，培养并弘扬良好的社会风气、积极的舆论导向和高尚的道德榜样，具有强烈的示范效应，能够鼓舞其他社会成员效仿先进，不断自我提升和完善，逐步与先进的价值观保持一致。

第三，导向功能。人们的行为总是在特定价值观的影响、支配和制约下进行的，价值观对人的行为动机、行为的发生有重要影响。在同样的客观条件下，具有不同价值观的人，其行为动机不同，产生的行为也不相同，动机的目的和方向受价值观的支配，只有那些经过价值判断，被认为

---

[1] 杨耕．价值、价值观与核心价值观 [J]. 北京师范大学学报（社会科学版），2015（1）：16-22.

是可取的可行的，才能转换为行为动机，并以此为目标引导人们的行为。

第四，调节功能。调节功能在于引导和纠正人们的行为和实践活动，以实现协调人际关系和维护社会秩序的目标。特别是核心价值观作为特定社会中主导地位的价值观，能够调整人们多样化的价值选择，使其逐渐接近核心价值观的评判标准。调节功能所涉及的范围不仅包括个人与他人、个人与社会之间的利益关系，还包括人与自然的关系。随着现代社会的发展，生态环境的恶化使人与自然的关系问题日益紧迫。因此，价值观的调节范围必须涵盖人与自然之间的关系。

2. 核心价值观

（1）核心价值观的内涵

第一，为广大劳动人民谋取利益的价值取向。为广大劳动人民谋取利益，是马克思、恩格斯社会主义价值观的鲜明取向。马克思本人也一再申明，其学说是为无产阶级的解放运动服务的。马克思曾倡导将个人的幸福与广大普通民众的福祉紧密相连。相较于封建社会，资本主义无疑标志着人类历史的一大飞跃，它颠覆了传统的统治秩序，推动了生产关系的革新，并催生了前所未有的巨大生产力。然而，资本主义的发展也导致了人口集中、生产资料集中以及财富向少数人手中积聚的现象。尽管资本主义在其发展的不同阶段会根据不同利益宣扬变化的伦理观念，但在这些变化的伦理背后，仍存在着相对稳定的核心伦理规范。马克思对资本主义运行机制的深刻揭示，为我们洞察和批判当代资本主义伦理的新变化提供了有力的理论武器，同时也为中国式现代化建设提供了宝贵的伦理启示。[1]

第二，唯物史观视野下的价值实现路径。唯物史观是马克思独特的理论构想，为他对于理想社会和价值观念的实现提供了实践方案。与以往思想家和理论家不同，马克思的价值理论并非抽象的概念，而是建立在对社会生产发展的认知和分析基础上的，描绘了未来社会中人类自由而全面发

[1] 刘少明.马克思的资本主义伦理的运行机制理论及其现实启示[J].中国地质大学学报（社会科学版），2024，24（6）：1.

展的美好愿景。这种愿景的实现并非凭空构想，而是需要强大的生产力和充裕的物质基础。否则，对于价值的追求将只是不切实际的空谈和幻想。为实现这种可能性，个体能力的发展必须达到一定的程度和全面性，而这正是建立在交换价值基础上的生产活动的前提条件。这种生产活动不仅导致了个体与自我以及与他人的普遍异化，同时也孕育了个体关系和个体能力的普遍性和全面性。

（2）核心价值观的特征

第一，核心价值观理解和把握时代现实。任何价值观都不是凭空产生的，价值观作为一种社会意识，其实质是对社会存在的主观反映。既然是主观反映，那么价值观就有真实与否、正确与否、正义与非正义之分。在一个社会中居于主流地位的核心价值观必然是对社会存在的真实反映和正确理解，更能够对整个社会发展起到引领和规范作用。所谓正确地理解和把握时代现实，就是要理解并揭示特定时代产生和存在的实际状况，反映这个时代的基本特质，分析这个时代基本的客观社会结构，代表这个时代人民的真实心声，揭示出这个时代的未来发展趋势，也就是实事求是地理解和把握这个时代的现实。

第二，核心价值观维护统治阶级的利益。从人类社会的历史发展变化来看，整个过程始终伴随着人与人之间的各种利益冲突。生产力与生产关系、经济基础与上层建筑之间的矛盾作为人类社会的基本矛盾，具体表现为社会中不同阶级、不同社会群体之间利益诉求的碰撞、冲突和矛盾斗争。不同阶级、阶层和利益集团具有不同的价值愿望和诉求，至于哪一种价值观能成为一个社会的核心价值观，从根本上来说，取决于统治者的利益需求。从我国传统社会占主导地位的“三纲五常”的核心伦理道德规范，到资本主义社会所谓的“民主、平等、自由、博爱”等，其之所以能成为当时占据主导地位的核心价值理念，主要还是因为它们符合了统治阶级的需要，能够很好地维护和实现统治阶级的利益。由此可见，利益是一个时代的问题，具有明显的阶级色彩和属性。一个社会的核心价值观必须科学阐释社会发展进程中的基本矛盾，并明确回应利益问题，才能切实发挥其作为核心价值观的应有作用。[1]

第三，核心价值观彰显人文精神和人文关怀。价值观是文化的本质体现，而文化是由人创造的。核心价值观虽然是统治阶级意志和利益的反映，但同时在一定程度上还需要赢得绝大多数社会成员的认同和拥护。在生产实践的过程中，人们不仅认识自我，也认识他人，进而理解集体的意义。核心价值观属于人的意识领域，它应当汲取历史上人类关照自身、爱护自身的一切有益价值观成果，始终聚焦于人的生命过程的本质规定，彰显对人性本质的深切关怀。

3. 社会主义核心价值观

社会主义核心价值观是社会主义核心价值体系的内核，体现社会主义核心价值体系的根本性质和基本特征，反映社会主义核心价值体系的丰富内涵和实践要求，是社会主义核心价值体系的高度凝练和集中表达。[2]

（1）国家层面的价值内涵

第一，实现富强目标。富强隶属于经济范畴，是社会主义市场经济所追求的价值理念和目标。富强不仅位列社会主义核心价值观之首，是社会主义核心价值观的基本内涵，还是完成中华民族伟大复兴的必由之路。国家富强的根本目的在于人民富裕，人民的共同富裕是社会主义的本质，每个人自由而全面地发展是共产主义最终追求的目标。

我国是社会主义国家，人民当家作主。一方面，国家是人民赖以生存的环境，没有国家强大，没有国家民主的政治环境、稳定的社会秩序，人民就没有办法进行生产活动，更不会达到富裕的生活水平。我国逐步建立完善了社会主义市场经济制度，国家鼓励支持引导经济发展，提高了社会生产力，大大提高了人民生活水平和富裕程度；另一方面，国家正确的经济政策提高了人民的收入和生活水平，刺激了人民生产的积极性和创造

[1] 杨耕．价值、价值观与核心价值观 [J]. 北京师范大学学报（社会科学版），2015（1）：16-22.

[2] 王绍哲．推动社会主义核心价值观融入企业文化建设 [J]. 企业文明，2024（7）：77.

性，为社会财富积累贡献越来越多的活力，为国家的发展壮大提供雄厚的物质基础和强大的精神动力。

第二，人民做国家的主人。民主是社会主义社会的内在属性和核心，推动政治民主化的进程将直接推动政治文明的发展。政治民主化是政治文明的重要组成部分，而科学决策、民主决策又是政治民主化的重要体现。特别是对于作为国家领导力量的社会主义政党来讲，政治民主化更有利于增强党的威信，巩固党的执政地位。❶

第三，构建和谐社会。和谐从中国古代开始便成为社会的主流思想，是社会主义核心价值观的基本内核之一。每个人自由而全面地发展必须处理好人与自然、人与人之间的关系。具体分析，社会主义和谐观，一方面，要处理好人与自然的关系，尊重自然、顺应自然、保护自然，与自然和谐相处；另一方面，社会主义和谐观要求人与人之间和谐相处，人是社会关系的总和，是构成社会的基本细胞，正确处理好人与人之间的关系，达到人际关系的和谐，社会才会和谐稳定发展。这就需要人们不断完善经济制度，提高人的精神境界，使之与社会主义现代化相适应，最后实现每个人自由而全面地发展。

第四，追求文明价值。文明是传统文化一直倡导的价值观，在传统社会，文明一直被社会所推崇，是个人品质道德的集中体现。在社会主义现代化的今天，文明不仅代表着个人的素质水平，更是一个国家的文明程度和社会发展进程的重要标尺。文明是社会主义核心价值观的应有之义、基本内涵，是社会优良文化的有机组成部分。文明的价值观引领社会潮流，引导优秀文化的创作发展，应加强全社会的文明观念，使文明成为引导社会进步的一面旗帜。

文明不仅包括精神文明，还包括物质文明。和谐社会就要物质文明与精神文明相统一。一方面，经济基础决定上层建筑，只有经济的不断强大才能为社会发展提供稳定、宽松的社会环境，加之丰富的物质基础，上层

❶ 王晨艳，李奎刚．关于作为社会主义核心价值观的民主之思 [J]. 南京航空航天大学学报（社会科学版），2013，15（2）：7.

建筑才会不断地成熟完善，人民才会追求更高更深层次的精神世界；另一方面，上层建筑反作用于经济基础，精神世界的不断满足和丰富才会为物质文明的发展提供更多的活力和动力，先进的文化能为社会发展引导正确的方向，创造更丰富的物质基础，所以说文明是物质文明和精神文明的协调统一。

（2）社会层面的价值内涵

第一，追求自由的价值理念。自由作为古代社会所推崇的价值理念，同样也是社会主义核心价值观的基本内容。这一自由是基于社会主义制度下的真正的自由。自由是中国共产党成立以来带领人民大众所追求的目标之一。中华民族的伟大复兴、社会主义现代化的不断发展，终将会带领人民进入更高水平的自由社会，实现每一位公民自由而全面的发展，实现共产主义的最终目标。

第二，遵循平等原则。平等原意是指在程度、价值、质量、性质、能力或状况上与他人或他物相同或相等。在社会主义现代化的今天，平等就是每一位公民平等地享受权利，平等地履行义务，没有任何公民可以逾越法律的特权。社会主义公有制保证每位公民平等地享有就业机会，不受剥削不受压迫，不受私有制经济的压榨。

平等推进政治民主化，是人民当家作主的助力器。只有赋予每一位公民平等地享受权利、履行义务，才能使公民有效地参与国家的治理，实现人民的利益。平等是社会主义市场经济发展的重要保证，只有实现经济发展的平衡、经济政策的平等，才能进一步克服市场的无序性和自发性，才能维护市场秩序，完善市场机制，进而更稳妥地发展社会主义市场经济。平等是构建社会稳定与和谐发展的基石，唯有确保权利平等享有，义务平等履行，方能奠定稳固的社会秩序，推动人际关系持续和谐发展。[1]总之，平等是促进人的自由而全面发展的强大动力，社会主义社会是把人的发展作为神圣任务和根本目标的社会，实现人自由而全面的发展，平等是重要

[1] 杨耕．价值、价值观与核心价值观 [J]. 北京师范大学学报（社会科学版），2015（1）：16-22.

的基础，也是强大的动力。

第三，依法治国。法治是治理国家的基本方式，依靠法治而不依靠人治是现代社会的进步之一，法治是实现社会和谐、实现社会公平正义、发展平等的制度保障。法治是国家长治久安、政权稳定的重要保证。法治的发展程度是一个国家文明程度和现代化程度的重要标志。依法治国充分体现了我国是依法办事、用事实说话的法治国家，任何人都没有逾越法律的特权。“有法可依，有法必依，执法必严，违法必究”是我国依法治国的重要体现，每一个环节都充分表明了我国严格遵守法律、依法治国的现代治国理念。社会主义法治之所以是“良法”之治，是因为社会主义法律制度随着时代的进步发展而不断地修改完善，与现实社会、时代精神总是相符合的，所以它总是能得到公民的拥护和认同。只有公民发自内心地去遵守法律、捍卫法律，法治的真正目的才可以实现，即保护人民的合法权益，人民的利益得到保护，才会更加拥护和支持法律的制定、实施，才能真正维护法律的尊严。

（3）个人层面的价值内涵

第一，热爱祖国。爱国是中华民族的传统美德，在社会急速发展的今天，要给爱国赋予与新时代相符的新内涵。中国正处于急剧转型时期，全新的时代需要伟大的民族精神凝聚国民的力量，爱国主义是民族精神的核心。弘扬以爱国主义为核心的伟大民族精神有利于增强民族的自尊心、自信心，增强民族的凝聚力和向心力，增强对祖国的认同感。强烈合理的爱国主义精神是国家发展的强大推动力，是社会进步的强心剂。有国才有家，人们只有对祖国认同，对国家热爱，才会增强自身的幸福度，国家才会更加充满活力。弘扬爱国主义可整合分散的社会力量、思想观点和价值观念，使得民族成员自觉地为本民族和国家的利益调整自己的行为，让个人行为服从于共同的价值目标。弘扬爱国主义精神将有力促进和谐社会的建设和发展。

第二，工作敬业。劳动是创造社会价值、个人价值的重要途径，自古以来都是这个道理。劳动是区分动物和人类的主要标志。远古时期只有劳动才能有食材填饱肚子，封建社会自己动手，是自耕农经济，到现代社会，劳动依旧是实现自我价值的重要途径。在社会转型的今天，社会主义现代化建设的关键时期，人们赋予了劳动新的内涵——敬业。敬业，字面意思就是热爱工作，敬爱岗位。敬业使人们不仅得到了一份工作，让人们有了施展才能的空间和环境，更能让人们通过勤恳、执着的工作态度和正确的工作方法，创造出更多的价值，提升自我。

敬业是所有拥有社会职业的人应具有的良好品质。从自己所处的小部门来看，只有把自己的本职工作出色地完成，部门才能发挥在整个系统中的作用。从整个公司的角度来看，只有每一个职员都认真完成自己分内的事，那整个公司的系统运行起来才会变得更加顺畅，工作效率更高，产生的价值也更多。敬业背后的精神本质实则是奉献与付出，它不仅深刻影响着个人在工作领域所能取得的成就，更广泛地辐射至整个社会，激发人们对生活、对他人的积极乐观态度和感恩向上的精神。

第三，诚信待人。在我国传统文化中，诚信是待人处世的基本准则，贯穿于人们生活的始终。诚信是中华民族的传统美德，影响社会经济、政治、文化发展的各个方面，是国家政治文明程度和文化成熟度的关键，是政党永葆生机的要素，是国家话语权提升的重要因素。

诚信是提升个人修养的基本途径、衡量人品的重要尺度。人无信不立，诚信是立人之本。有诚信的人才会踏踏实实去工作，去生活。对于企业而言，诚信是企业赖以生存发展的根基，诚信为商，企业讲诚信才会得到员工、消费者、社会的认可，企业才会有发展的可能。对于国家而言，诚信是国与国交往的准则之一，做到言出必行才能得到世界的认可、其他国家的拥护，在世界上才会立稳根基。

第四，善待他人。友善是处理人际关系的基本准则和公民的基本道德规范。将友善列入社会主义核心价值观范畴，倡导友善地处理人与人、人与社会、人与自然的关系，建成社会主义和谐社会，形成齐心向上、奋发有为的社会合力，营造共建小康、共同富裕的良好氛围，开创整个社会和谐的新局面。在社会急剧转型的今天，友善更是社会所需要的，它既是对中华传统儒家思想的继承，也顺应了市场经济的发展。友善包含了尊重他人、理解他人、善待他人、团结友爱、正确处理人际关系等内容。友善是一个人道德修养的集中体现，是衡量一个人品行的重要标准。

（4）社会主义核心价值观的衡量尺度

在中国特色社会主义探索和改革中，确立了“三个倡导”（即社会主义核心价值观的三个层面）[1]，它构成了社会主义核心价值观的基本框架和主要内容，由此，确立了社会改革和发展的基本价值遵循。发展是马克思主义理论品格的内在本质，也是社会主义核心价值观保持生命力和优势的要求；客观上，中国特色社会主义的持续完善与发展，亟需一套相对成熟且明确的社会主义核心价值观作为支撑。培育和塑造这样的核心价值观，既需要积极促进社会各界的逐步认同，也要克服各种挑战与障碍，在实践中逐步构建。这一过程将是漫长而复杂的，它要求我们在社会主义核心价值观的理论与实践互动中，明确核心理念和基本准则，并不断地进行自我审视、反思、评估、改革与重构，以确保其与时俱进，适应时代的发展需求。

对象的属性决定了我们对其认知和评判的不同维度。由于对象本身具备多维属性，人们的认知和评判自然也会呈现出多个层面。这些从不同维度出发的评判，在其各自的框架内均具有一定的合理性。然而，在整体评价体系中，这些评判维度的地位并不等同，有核心与非核心之分，也有主要与次要之别。当前，在评价社会主义核心价值观时，就体现了这一现象。从促进生产力发展和社会进步的维度来看，我们可以得出积极的评价。同时，每种文化和价值观都根植于其独特的背景和历史之中，因此不能简单地用西方的价值标准来衡量和评判东方文化。在道德维度上进行反思和评价时，既存在肯定的声音，也不乏否定的看法。从根本上讲，衡量培育和发展社会主义核心价值观成效的关键，在于它是否有效解决了既定

[1] 王萌．“三个倡导”的内在逻辑与践行要求 [J]. 理论与改革，2013（2）：10-12.

问题，并促进了社会发展目标的实现，而这一衡量标准的核心，应当是生产力的发展和社会秩序的维护。

（二）社会主义核心价值观的特征与形成

社会主义核心价值观作为柔性力量规制中国式现代化的发展方向，为现代化建设提供价值引领，促进现代化社会转型，为公民提供共同遵守的价值规范，是内生于中国式现代化本身并促进其持续发展的强大精神动力。[1]

1. 社会主义核心价值观的主要特征

社会主义核心价值观是社会主义核心价值体系的高度凝练和集中表达，既有丰富的逻辑内涵，也有某些逻辑特征。[2]

（1）社会主义核心价值观的全局性

全局性指的是社会主义核心价值观必须表达人民群众的心声，必须反映人民群众的诉求。只有这样，才能汇聚社会中的人心、民智，才能维护民族团结，实现祖国统一。

（2）社会主义核心价值观的时代性

时代性指的是社会主义核心价值观必须与当前时代的精神相契合。社会主义核心价值观的形成反映了特定历史时期、特定群体或特定地区人们对普遍价值的追求，因此，它必然反映时代的具体特点。不同时代和历史时期，核心价值观也会发生变化。这是因为核心价值观代表了社会精神的精华部分。因此，社会主义核心价值观在不同时代也必须从整个时代精神的精华中进行提炼，以适应其生存和发展。

（3）社会主义核心价值观的导向性

所有的社会主流价值观的导向性作用是不可或缺的，主要表现在两个

---

❶ 许晓丽．论中国式现代化的价值追求——以社会主义核心价值观为分析视角 [J]. 中国特色社会主义研究，2024（3）：24.

❷ 张灵，章越松，叶芳芳．论社会主义核心价值观的逻辑特征 [J]. 学校党建与思想教育，2021（1）：48.

方面：①这种导向性是一种标杆和旗帜，对人们的言行具有规范和引导作用；②这种导向性对社会发展的方向和趋势具有把控作用，能够对社会生产力和社会的发展起到促进作用。社会主义核心价值观不仅要对人们的言行起标杆和示范作用，还要在社会全面发展的过程中起到促进作用，引导所有的积极因素参与社会主义实践，这样才能对社会主义国家的民族凝聚力和文化软实力具有提高和促进作用。

2. 社会主义核心价值观的生成因素与原则

（1）社会主义核心价值观的生成因素

社会主义核心价值观的生成并非个人意志所能左右，而是基于一定的客观条件和依据形成的[1]，阐明社会主义核心价值观的生成依据对于深入理解社会主义核心价值观的内涵具有深刻的现实意义。

第一，历史因素。社会主义核心价值观是在深厚历史积淀中产生的，是在继承和发扬我国优秀传统文化的基础上形成的，特别是中华优秀传统文化对社会主义核心价值观的影响。研究社会主义核心价值观生成的历史原因，有助于人们更深刻地理解社会主义核心价值观的内涵及对其产生影响的中华优秀传统文化，使人们对社会主义核心价值观产生更多的认同。

社会主义核心价值观不断从中华优秀传统文化中汲取养分，中华优秀传统文化是社会主义核心价值观的根基，也是社会主义核心价值观永葆生命力的源泉。中华优秀传统文化具有深厚的内涵和底蕴，而且在发展过程中不断创新，紧跟时代发展步伐，以中华优秀传统文化为基础的价值观无形中对中国人的思想产生了深远的影响。

第二，现实因素。核心价值观对一个社会的发展具有重要的引导作用。无论是在历史的长河中，还是在当代社会，被广大社会成员所认同的核心价值观都是不可或缺的，它赋予民族和国家最为深刻和持久的力量。核心价值观承载着一个民族和国家最根本的价值追求和精神追求，也是评

---

[1] 刘社欣．论社会主义核心价值观的生成逻辑 [J]. 哲学研究，2015（1）：29-33.

价社会公平和正义的标准。无论何种社会形态，其核心价值观一定要能够反映当前社会发展的需要，解决社会现实问题。中国目前正处于社会变革和转型期，其价值观念一定要能够引导人们不断前进，社会主义核心价值观应运而生，满足了当前社会发展的要求。

（2）社会主义核心价值观的生成原则

第一，体现社会主义本质属性的原则。我国是实行人民民主专政的社会主义国家，广大人民群众是国家的主人。而核心价值观，特别是被称为社会主义核心价值观的体系，其中的“社会主义”一词是其精髓所在，也是与资本主义所推崇的核心价值观的根本区别。因此，在凝练社会主义核心价值观时，必须始终将社会主义作为社会发展的方向和基本原则，并以此为出发点，深入总结概括社会主义的精神实质和价值内涵。

第二，彰显核心价值观兼容并蓄的原则。社会主义核心价值观的形成不能固守传统，要保持开放的姿态。世界优秀文化也是人类智慧的结晶，要从其他国家优秀文化中吸取养分，为社会主义核心价值观的形成积蓄力量，赋予其新鲜血液，使其更加富有生命力和活力。

中华优秀传统文化内涵丰富，是中华民族千年智慧的结晶，其中很多优秀的思想文化，直到今天仍然发挥着重要的作用，体现出时代价值，所以，社会主义核心价值观，一方面要继承传统文化中的精华，另一方面要在当代发扬其社会价值。此外，在社会主义核心价值观形成过程中，对本民族的价值观与外来的价值观要采取正确的态度，处理好二者之间的关系，在继承本民族价值观的基础上吸收外来优秀文化，共同为社会主义核心价值观的形成凝聚力量。

第三，符合社会主义初级阶段的原则。社会主义核心价值观的形成深深植根于社会现实的需求之中，两者紧密相连，不可或缺，这是其形成的重要前提。社会主义初级阶段的具体国情，是社会主义核心价值观孕育与发展的坚实基础。其内容不仅要与当前社会发展的实际状况相契合，还要与人民群众的思想认知水平、文化素养和道德标准相匹配，同时也要与我国的基本经济制度以及初级阶段的按劳分配原则相适应。

第四，获得人民群众支持认可的原则。核心价值观在内容和形式上必须统一，这一点十分关键，因为它决定了核心价值观是否能够获得社会全体成员的认可，成为所有人共同的价值追求，号召人们为实现这一伟大目标而共同奋斗。社会主义核心价值观要成为人们普遍认可的价值导向，被全体成员所认可，凝聚众人的力量为实现共同的价值目标而努力。

社会主义核心价值观要符合现实要求，为人民群众认可和接受，将时代发展特色融入核心价值观的内容中，让人们认识到社会主义制度的本质属性；将人们对现实的要求和未来的发展愿望作为核心价值观的出发点，满足人们的需求，符合人们的利益追求。这样才能让核心价值观深入人心，获得人民群众的衷心拥护，形成强大的号召力，被人民群众认可和接受，成为他们共同的价值追求。

（三）社会主义核心价值观的体系构建

社会主义核心价值体系是我国重要的意识形态之一，其涵盖的内容是人民的行为准则、价值选择、价值判断标准和依据，也是构建大学生核心价值观的精神坐标和理论指南。[1]

1. 社会主义核心价值观体系构建的内容与目标

（1）社会主义核心价值观的内容

经过多年的改革开放实践，我国提炼出了社会主义核心价值观，这一思想观念得到了全国人民的广泛认同，它紧跟时代步伐，彰显出鲜明的中国特色。社会主义核心价值观简洁易记，具有强大的凝聚力，并构成了一个完整的体系。其中，“三个倡导”分别从国家、社会、个人三个层面出发，清晰界定了社会主义的价值目标、价值取向和价值准则。

第一，“富强、民主、文明、和谐”是国家层面的价值目标。它居于社会主义核心价值观的主导地位，为我国社会主义建设指明了方向，反映了当前我国全体人民的价值取向和理想。“富强、民主、文明、和谐”

---

[1] 宋琼．大学生核心价值观及其构建途径 [J]. 现代职业教育，2016（19）：45.

从整体上对我国的政治、经济、文化以及社会提出了要求。国富则民强，民强则国盛，国家和人民之间有着密切的联系。这就意味着要加快经济与生产力的发展速度，让我国的综合国力变得更强，最终实现共同富裕。[1]

第二，“自由、平等、公正、法治”是社会主义制度层面的价值导向。公民权利是受到法律保护的，每个公民都享有人身自由，国家会保证人民实现自由且全面的发展。要想建设一个自由的国家，就要提高人民的积极性，发挥他们的创造力。

第三，“爱国、敬业、诚信、友善”是对公民个人层面的价值观要求。和谐的社会、完善的制度以及富强的国家都需要高素质的人民。每个国家都需要民族凝聚力，需要人民具备爱国主义精神，否则国将不国。每个人在对待自己的事业时都要有奉献精神，爱岗敬业，踏踏实实做事，认认真真做人，诚实守信，以诚待人，友善共处，这样才能让民族永远延续下去，活力永驻。

社会主义核心价值观从“三个倡导”出发，将价值要求通过国家、社会和个人这三个不同的层面展现出来，其中，社会和个人要以“富强、民主、文明、和谐”为终极目标，国家和个人要通过“自由、平等、公正、法治”得到进步与发展，国家和社会要以“爱国、敬业、诚信、友善”为发展前提，但这一切的落脚点还是人，人如果不寻求发展，那么一切发展都是空谈。

（2）社会主义核心价值观的价值目标

建构社会主义核心价值观，需要立足于中国特色社会主义建设实践，以马克思主义的基本立场、观点和方法为指导，处理好传统与现代、民族与世界、先进性与大众性、不同主体的需要以及不同层次需要的内在关系。[2]

第一，培养个体树立集体主义的核心价值观。在现实生活中，集体主

---

[1] 冉昊．第 12 讲 把我国建成富强民主文明和谐美丽的社会主义现代化强国 [J]. 党课参考，2019（Z2）：95.

[2] 李华．社会主义核心价值观经典体系的构建 [J]. 社会主义研究，2015（3）：68.

义与个人主义实际上是相辅相成的。尽管集体主义价值观强调国家和集体的利益至上，但这并不意味着要完全牺牲个人利益，因为集体正是由无数个个体组成的。自古以来，“家”与“国”的观念就深深植根于我国的集体主义价值观之中，正是这种传统价值观的传承，使中华民族能够勇往直前，克服重重困难。在社会主义核心价值观中，集体主义精神并非单纯偏向集体利益或个人利益，而是致力于实现二者的和谐统一。这一理念既汲取了我国传统社会价值观的精髓，也借鉴了西方社会个人主义价值观的合理成分。

第二，培养个体树立“法治”的核心价值观。我国在党的坚强领导下，坚持人民当家作主与依法治国相结合的原则。我们既不依靠个人意志来治国，也不单纯依赖道德教化，而是坚定地走依法治国的道路，运用法律手段来管理国家的政治、经济、文化和社会事务，确保国家的法律和制度稳定且不被随意更改，从而开启我国的法治新纪元。在构建法治社会的过程中，我们不仅要不断完善法律制度体系，更要大力提升全民的法治意识，让每个人都能够深入了解并尊重法律，学会运用法律武器来保护自己的合法权益，坚决杜绝任何违法乱纪的行为。

第三，培养个体树立“民主”的核心价值观。人民当家作主指的就是民主。人类从来没有放弃对民主的追求。民主属于意识形态，它取决于经济基础。从经济制度上看，社会主义并不同于资本主义，因此二者有着不同的民主内容、民主本质和民主形式。我国是人民民主专政的社会主义国家，国家的一切权力都属于人民，人民代表大会制度代表着我国由人民做主，生产资料公有制是我国社会经济制度的基础，这就意味着最大的受益者是人民。我国的生产力水平一直在进步与发展，人民有了更强的民主意识，民主的制度和形式也在不断地健全。必须持续深化人民的社会主义民主意识培育，切实彰显公民个体在民主政治实践中的主体地位。[1]

---

[1] 邓红彬．社会主义民主价值观的内涵及构建[J]．云南行政学院学报，2011，13（1）：102-104.

第四，培养个体树立“诚信”的核心价值观。中华民族素来就有诚实守信的美德，要求人们做人一定要诚信，要有君子之德。诚信是我国一直以来的美德，即使到了全球化的今天，诚信也是每个人都要做到的。市场经济的重点在于平等、信誉和竞争，看重的是质量。因此，人要想在市场经济中求得生存和发展，就必须保证做到诚实守信，讲求信誉。

第五，培养个体树立“友善”的核心价值观。与人友善，前提是互相帮助、互相关爱，并且团结一致、携手合作。[1]社会的高速发展让每个行业都有了越来越激烈的竞争，人们只有团结协作，才能实现个人、社会以及国家的发展，因此，团队建设的重要性不言而喻。在组织进行社会主义核心价值观教育时，教育者要做好安排，通过实践巩固理论，开展的各种实践活动要紧紧围绕社会主义核心价值观，发挥团结协作的作用，让人们意识到团结协作的重要性，进而提高他们的团结协作意识。个体要学会思考和解决问题，为社会贡献出自己的一份力量；要提高自身的社会责任意识，感受集体的作用与力量，并从中获得成就感和归属感，充分体会到社会主义核心价值观所展现的意义，进而领略社会主义核心价值观的魅力所在；用社会主义核心价值观作为沟通的桥梁，团结所有人为实现中华民族伟大复兴的中国梦而努力。

2. 社会主义核心价值观体系构建的传统载体

教育主体、教育客体、教育介体和教育环体是实现教育活动必不可少的四要素，核心价值观体系构建的实现也不例外。校园是教育主体与教育客体活动的环体场域，而课堂和实践活动则是二者相互作用、相辅相成的教育介体，这些传统载体在核心价值观体系构建过程中具有无可替代的作用。

（1）课堂教学是核心价值观体系构建中必不可少的显性教育载体

显性教育是指教育主体有意识、有计划、有目标地对教育客体进行直接的、外显的教育，具有条件可靠、效率显著的优势。无论是思想政治理

---

[1] 王翠华 . 论社会主义核心价值观之友善 [J]. 湖北社会科学，2014（5）：10-15.

论课的传授还是专业理论知识的习得，面对面的传统课堂教学都是显性教育的主要途径。无论是从知识理论科学系统的传授而言还是就教学的机动性而言，课堂这一载体都具有其不可多得的优势。

（2）校园环境是核心价值观体系构建中不可或缺的隐性教育载体

隐性教育是指借助教育环体、间接的教育介体等间接地和无意识地对教育客体进行的一种内隐的教育，具有陶冶情操、渗透内化的优势。无论是校园建筑、绿化、基础设施等物质环境，还是校风校训、教风学风、管理理念、规章制度等精神环境，都是核心价值观教育的隐性教育阵地。

（3）实践活动是核心价值观体系构建中的社会化教育载体

社会化是指个体在与社会环境相互作用的基础上接受并认同社会价值体系、行为规范并内化于心的过程。在这个过程中既需要有个体对教育活动的价值体系、行为规范、生产技能等产生的感受和接受，也需要有个体与对应的社会环境相互作用的内化和检验。学校的认同教育实践活动将理论与实践紧密结合，推动学生在从自然人成长为社会人的过程中，将核心价值观从认知层面的认同转化为实际行动中的践行。❶

3. 社会主义核心价值观体系构建的新兴载体

（1）新兴载体为学校社会主义核心价值观体系构建提供了丰富生动的网络教育路径

教育路径主要表现为课堂教学、专题讲座、社团活动等。显性教育的突出优势是时间集中、知识传授系统、信息传输效率高、收效快，因而课堂教学仍是最主要的教育路径，其主要特点就是以课堂为载体，师生面对面地口耳相授。数字媒体的出现让教育路径变得更加多元化且充满活力。❷

第一，课堂形式多样。在数字媒体的技术支持下出现了远程课堂、微

❶ 董风．社会主义核心价值观认同的宣教机制探究 [J]. 理论视野，2015（3）：75-77.

❷ 张春丽，王荣．“大数据与思想政治教育创新”学术论坛综述 [J]. 社会科学动态，2017（3）：116-118.

课、慕课、易班等多种形式。相比较于传统课堂，这些课堂形式更具针对性，更能满足主体发展的层次性需求。例如，对于已经工作无法离开工作岗位但又想接受大学或专业培训领域系统专业知识的人，就可以选择相应领域的远程课堂并接受相应的网络测试，获得相应专业证书；如果是在校学生，想及时突破解决课堂上的疑难点，可以选择微课；如果需要和兴趣相投者共同进步相互提携，可以选择易班。

第二，教学内容生动。相较于传统课堂黑板的平面传达，数字媒体集声、光、图、电于一体，使教育信息可以立体化，形象、生动、逼真地呈现在教育客体面前，借此使抽象的知识变得感性易懂，学生的学习积极性也被即刻调动起来。因为数字媒体技术下，视觉、听觉等多方面组合对大脑神经刺激的强度比单纯的听觉刺激要大得多。

第三，教育信息获取源丰富。网络具有汇聚功能，个体只要在搜索引擎里输入想要查找的疑难问题的关键词，就可以迅速获得与之相关的各种信息，它们或者来源于权威期刊，或者来源于专家学者的博客，或者来源于路人的转载等，个体可以根据需要在这些信息源中作出信息的取舍。

（2）新兴载体为社会主义核心价值观体系构建提供了比较广泛的网络教育空间

学校教育场地主要是课堂，此外还有实验室、实践基地等，空间有限。在动漫、3D、光纤等越来越成熟的数字媒体技术的支持下，教育空间从现实拓展到了虚拟社区，克服了学校实践教育的时空局限。[1]

3D 等仿真技术的应用帮助教育客体在虚拟空间里获得真实的体验感。随着仿真技术的普及，在电力、医学、汽修等专业领域普遍开始应用仿真机，通过程序设定可以让学生置身于逼真的专业问题情境中，进而通过操作平台进行真实的操作获取职业技能和职业体验。这种网络仿真技术的应用在一定程度上节约了学校实验成本，化解了实验基地资源不足的矛盾，更重要的是这种真实的模拟锻炼了学生的职业技能和职业责任感。

[1] 搭建社会宣传新载体 践行社会主义核心价值观 [J]. 求知，2016（10）：36.

在网络时代，社会各部门各领域的网络化使网络空间社会化，社会教育资源可以无限集中于网络，访客可以随时学习。只要轻触手中的鼠标或手机，人们就可以置身于世界各地著名的历史博物馆、科技展览馆、图书馆之中学习，其间的历史资源、科技信息资源、图书资源等都可以尽情使用，使教育空间无限扩大。同时，教学主体还可以利用个人的教育博客、教学微博或者 QQ 群等，使教育的时间从课上延伸到课下，使教育对象从小面积拓展为大范围。

（3）新兴载体面临的挑战

第一，教育主体的"去中心化"。"中心化"一词原本用于描述传统媒体中信息由传播主体单向传递给受众的特征，在教育领域，则主要指的是传统课堂教学中教师向学生单向灌输知识的教学模式。[1] 对应的"去中心化"在这里主要是指在网络的语境下教育主体这一角色的扮演者不再局限于教师，从过去教师的单向度知识主导传授演变成多向度主体的交流授受，这种交流有利于克服过去教育客体接受知识的被动性，可以让受众充分反馈信息，表达个人意见。然而问题是这种知识讨论传播缺乏权威的鉴定，最终无法保证知识获取的科学性；教育主体被泛化，从一元主导走向了多元争论，知识的真伪陷入相对论和诡辩论之中。

第二，教育客体的"分众化"。与分众化的传播概念定义的维度不同，教育客体的"分众化"是指教育客体根据自己的认知结构和立场选取自己所需信息并在自己的网络交流圈里传播交流的现象。在对教育信息的真伪性缺乏权威论证的境遇下，教育客体会根据自己的认知结构和判断标准去筛选符合自己见解的"碎片化"教育信息，并在自己现实生活中或虚拟交流平台上的交际圈中进行传播。教育客体认知和需求的差异性使泛滥的"碎片化"信息出现了分化和离散，信息获取出现"分众化"。

第三，教育信息的"碎片化"。"碎片"的意思是整体被解构为零散

[1] 胡子祥，余姣．大数据载体给思想政治教育带来的伦理挑战及对策 [J]. 思想政治教育研究，2015，31（5）：84-86.

的部分。教育信息的“碎片化”便是指这种信息呈现的不完整性，缺乏系统性。与这种教育主体的“去中心化”对应的是教育信息的“碎片化”。显然教育主体的“去中心化”打破了原有传统课堂模式下主体与客体的二元对立，每个参与个体都可以随时发表见解，成为教育主体，这必然导致知识见解讨论的空前活跃和信息的泛滥。由于无法对信息来源的权威性和科学性进行考证，面对这些海量的知识片段，受众既无法确定内容的真伪也无法进行系统的拼接，增加了获取价值性信息的难度。与此同时，手机的普及为受众的碎片化阅读提供了可能，但这种阅读时间的碎片化使个体始终处于阅读的浅层次，更无法考证碎片化信息的真伪。

4. 传统载体与新兴载体二者融合的实现路径

（1）掌握核心价值观教育的话语权

第一，利用数字媒体呈现方式的生动性增加思想政治理论课堂的教学魅力。思想政治理论课的教学内容具有科学系统、逻辑性强的特点。尽管如此，由于其自身的政治性和理论的抽象性等特点，教师在进行知识传授的课程中往往遭到学生们的心理抵触。数字媒体以其图文并茂、声电合一的独特呈现方式，能够将抽象概念具体化，极大地增强了理论课程的吸引力。这就要求思想政治理论课教师不仅要精通思想政治理论，还要提升数字媒体技术素养，运用 FLASH、3D 等技术手段，将抽象的理论知识以立体、生动的形式展现给学生，使理性的知识内容变得感性且直观[1]；在教学内容一定的情况下，教师可以借助数字媒体信息传递即时性的特点为理论课选取匹配的视频、音频事例或新闻，和学生们在课堂上讨论。

在讨论过程中，教师可以借助学生热议的话题或焦点进行适时的正面宣传或者反面点评，以引导学生学会用唯物辩证法的世界观和方法论来理性评价和认识这些事件。这样无形之中让学生学会对信息的去伪存真，掌

[1] 胡子祥，余姣．大数据载体给思想政治教育带来的伦理挑战及对策 [J]. 思想政治教育研究，2015，31（5）：84-86.

握信息认知的主导权。教师还可以借助班级 QQ 群等网络平台在课前进行相关的议题设置和讨论，一方面让学生提前预热，增加对相关理论知识的熟悉度，激发学习热情；另一方面利于教师掌握学情有的放矢地进行理论讲解。

第二，利用数字媒体交流平台的多端性延伸思想政治理论课堂的教学维度。思想政治理论课是社会主义核心价值观教育的主要途径。由于课时和课堂的限制，核心价值观教育的周期较短，空间有限，无法持续巩固教育效果。数字媒体交流平台的多端性可以克服这一问题。教师可以充分利用网络交互性和跨时空性的特点，如微博、微信、微课、QQ 群、电子邮件等，将核心价值观教育的阵地从现实空间延伸至虚拟社区，将教育时间从课堂延伸至课前和课后，将教育内容从教材的掌握深化至对社会热点的探讨。教师可以利用网络平台（如 QQ 群和个人博客），在课前设定讨论议题或在课后进行理论延伸。

互联网的隐匿性与互动性的特点让师生交流及同学交流时能展现本真观点，自由表达看法和意见。这有利于教育主体全面掌握学生的思想状况和理论水平，进而针对不同个体、不同类型的观点，制订具体计划措施并提供个性化的引导服务，具体问题具体分析，有利于核心价值观教育于细微差异处深入人心。同时这种柔性而隐蔽的方式无形之中化解了学生抵触思想政治理论课政治深入的心理防线，深化了学生对社会主义核心价值观的理论认同和情感认同，有利于帮助学生个体实现核心价值观知、情、意、行的良性循环。

第三，利用互联网开设慕课，变革创新思想政治理论课的教学模式。慕课，即大规模的开放式在线课程。网络空间容量的无限性使数以万计的人可以同时异地进修同一门功课，这种课程规模之大改变了以往的学校设置；网络的平等性与隐匿性等隐没了教育对象学习背景、社会地位等的限制，使课程面向所有人；任何人都可以申请学习，这种公开性之开放程度也是传统课程所远不能及的；同时网络的交互性和即时性又使传统教学的教与学的互动过程实现了完整在线体验。在慕课空间里，教育者可以根据个体需要进行专题讲座、专题讨论、问题剖析，使个体尽享学习主体能动性的乐趣。在这种全新课程模式的倒逼下，思想政治理论课教师需要不断精进理论学术造诣，创新教学方法。同时，它也为教育者腾出更多的时间和精力来研究和关注学生价值观的日常养成。

数字媒体和传统课堂的优化组合促进了思想政治理论课从教学内容呈现到教学模式的创新变革，使思想政治理论课的教学空间从课上延伸到课下，从课堂拓展到网络，使教学方式从以显性为主演进至多端隐性渗透，全方位巩固了社会主义核心价值观在教育中的话语权。

（2）增强核心价值观教育的管理权

第一，提升网络素养，增强主体的价值判断力。数字媒体的即时性和交互性使海量的信息碎片存在于网络间，这使三观还未成熟的学生容易受到影响，因此加强校园核心价值观教育管理的根本是提高学生的网络道德和素养，增强辨析抵御不良信息的能力。为此，学校可以开设专门的媒介素养课。媒介素养课程可以围绕媒介的特点属性、运行机制、传播原理、道德责任以及法律法规等一系列基本问题进行课程设置。这样有利于学生破除媒介传播的神秘感，了解媒介信息宣传炒作背后的机制原理，清醒地认识网络媒介带来的舆论后果。

在强调开设媒介素养课程、构建网络自律实践体系的同时，也要强化网络的舆论他律功能，利用舆论批判谴责无良网络言行。数字媒体的隐匿性、即时性掩蔽了道德在网络中的他律性，因而衍生了一些网络道德社会问题，要遏制这些不良的网络言行，除了依靠网络法律法规的完善之外，还需依靠网络主体自觉抵制谴责这些无良网络言行，形成强大的舆论他律体系[1]，对网络里出现的一些网络道德社会问题、无良网络言行进行谴责，形成强大的舆论批判共振，发挥网络他律的功能。

第二，高调动态展现校园历史人文，增强价值观教育的人本性。学校

---

[1] 姚志伟，胡锦浩．社会主义核心价值观引领互联网平台立法研究 [J]. 社会主义核心价值观研究，2024，10（5）：86-96.

可以借助校园网开设历史人文专栏，综合利用声、电、图、像等，将校园里人文景观或建筑物的源头由来、历史典故等动态地展现给学生，让学生们在声、光、影、像交织的综合感官中全面感受认同校园的人文底蕴；开设校园人物专栏，将学校的杰出校友、杰出教师的历史贡献、生活故事、工作业绩等详细展现给全校师生。

各专业院系要借助校园网构建具有本专业特色的院系交流平台。在各院系的专业平台上设置专业领军人物链接、职业道德模范链接、专业技能BBS、专业网络社团等，为学生在专业领域内的职业技能、行为规范、职业道德的交流提供便利，这样既利于激发学生的专业学习兴趣又利于彼此之间的相互影响。学校的人文环境建设应借助数字媒体使其涵化功能更灵活，能够应时而动，细致入微，更具人本性。如利用校园里的电子屏幕、校园网络等，借助特殊节日进行主题宣传。

第三，加强网络监管，净化价值观教育的网络环境。外界环境是影响主流思想信息选择和摄取的基本因素，网络环境是校园环境的重要组成部分，因而校园网络环境的健康与否直接影响着青年学生对主流意识形态以及核心价值观相关信息的摄取。为此，必须严格加强网络监管。学校可以利用互联网接入校园网的端口设置防火墙、信息自动净化拦截程序等，从信息源头上将一些不良社会信息屏蔽阻隔于学生视野之外。同时，还要建立网络舆情反应机制，随时对校园网内的舆情进行监管引导，掌握信息管理的主动权。这就要求学校建立一支思想过硬又精通数字媒体技术、媒介素养优秀的网络舆情监督队伍，利用微博、微信、校园BBS等学生热衷的交流平台随时关注校园舆情动态，制定相应的干预政策。

三、巩固文化主体性思想的内容构建及阐释

巩固文化主体性思想是马克思主义文化思想中国化的一个重大理论成果。这一思想认为，文化主体性是文化自信的根本依托，而文化自信则

是文化主体性的外在彰显。巩固文化主体性需坚守“魂脉”与“根脉”的双重根基：马克思主义作为指导思想，为文化主体性提供科学方法论；中华优秀传统文化作为基因根脉，蕴含丰富的精神特质，为文化主体性提供历史滋养。[1]它强调文化主体对自身文化的自觉意识、自信表达以及在全球文化互动中的独立性与影响力。文化主体性不仅关乎文化的传承与创新，更是文化自信的精神根基，决定了文化在全球化进程中的生命力与竞争力。

（一）核心要素：文化主体性的精神内核

文化主体性从内涵来说，是一个国家、一个民族在文化发展进程中形成的有别于他者的独特文化特征；从过程来看，表现为文化发展的自主性、能动性和创造性。[2]

1. 自主性：文化命脉的自主掌控

自主性体现为文化主体在文化发展方向、价值标准与表达形式上的独立决策能力。历史地看，从“新文化运动”高举“民主”“科学”大旗，到延安时期确立“民族的科学的大众的文化”方向，再到新时代“两个结合”[3]的理论创新，中国共产党始终把握文化发展的主导权。例如，面对西方文化的冲击，中国通过“两手抓，两手都要硬”政策，既吸收外来文化精华，又保持文化独立性，彰显了文化自主性的力量。

2. 能动性：文化创新的内在驱动

文化主体性中的能动性，是文化主体在面对时代挑战时积极应变、开拓创新的内在驱动力。改革开放后，中国面对全球化浪潮带来的文化冲击，没有选择封闭保守，而是主动出击，实施“文化出海”战略。这一战

---

❶ 刘同舫．“第二个结合”与文化主体性的巩固 [J]. 思想理论教育，2024（1）：4.

❷ 夏海燕，薛君．巩固文化主体性的价值机理与实践路径 [J]. 南京社会科学，2024（3）：33.

❸ “两个结合”即“把马克思主义基本原理同中国具体实际相结合、同中华优秀传统文化相结合”。

略不仅让《三体》等本土文化作品成功走向国际舞台，成为具有全球影响力的文化现象，更彰显了文化主体在传承与创新中的自觉担当。这种能动性的迸发，源于对民族文化根脉的深刻把握与坚定自信。五千年文明积淀的智慧基因，在全球化语境下被创造性转化，与当代创新精神相融合，形成了独特的文化生命力。从《三体》中蕴含的东方哲学思考，到作品展现的家国情怀，无不体现文化主体在应对挑战时的智慧与勇气。这种能动性，让中华文化在全球化浪潮中既守住了文化根本，又绽放出了新的时代光彩。这种文化能动性的迸发，绝非偶然，它深植于对民族文化根脉的坚定自信。五千年文明积淀的智慧基因，在新时代的语境下被创造性转化，与当代创新精神熔铸成新的文化生命体。这种能动性，既是对文化基因的深刻把握，更是对创新精神的生动实践。[1]

3. 创新性：文化基因的现代表达

创新性是文化主体保持生命力与活力的关键所在，它要求我们在赓续传统文化基因的同时，为其注入时代精神，创造出既传统又现代的文化新形态。敦煌莫高窟作为世界文化遗产，承载着千年的艺术瑰宝与文化记忆，而“数字敦煌”项目则通过虚拟现实技术，让沉睡千年的飞天壁画突破物理空间的限制，在数字世界焕发新生。这种创新并非简单的技术叠加，而是文化基因与科技元素的深度融合。每一笔勾勒、每一抹色彩，都在数字编码中获得了新的生命，使观者既能触摸到历史的厚重，又能感受到科技的魅力。这种创新实践，不仅实现了文化资源的数字化保存与全球化传播，更开创了文化遗产活态传承的新范式，让传统文化以更加生动、立体的方式融入当代生活，成为文化主体性在科技时代焕新发展的生动注脚。

（二）巩固文化主体性思想的内容构造

文化主体性是文化存在与发展的根基，是文化自信的根本依托。它强

[1] 朱汉民．文化主体性与“第二个结合”[J]. 哲学动态，2023（11）：5.

调一个民族或国家在文化发展中的自主性、能动性和创造性，体现为对文化根脉的坚守、对文化创新的追求以及对外部文化冲击的自觉回应。巩固文化主体性思想的内容框架以“两个结合”为基石，构建中华文化的现代形态，核心内容强调在深化民族文化认同中确立文化意义上的坚定自我。❶

1.“两个结合”

马克思主义基本原理与中国具体实际的结合，本质是一场立足本土、破解难题的理论与实践交响。这一结合要求以马克思主义为科学指南，深度扎根中国现实土壤，精准把脉社会发展中的矛盾与挑战。从改革开放初期的艰辛探索，到新时代脱贫攻坚战的全面胜利；从科技创新领域量子通信的突破，到生态文明建设中的“绿水青山就是金山银山”理念实践，每个历史节点都彰显了马克思主义理论与中国具体实际相结合迸发的实践伟力。这种结合推动马克思主义理论不断实现中国化时代化，形成具有鲜明实践特色的理论成果，使科学社会主义在中国焕发出强大生机活力。

马克思主义基本原理与中华优秀传统文化的结合，堪称一场跨越时空的思想对话与文明创新。这一结合并非简单的文化元素叠加，而是将马克思主义真理之光注入中华文明的精神血脉，唤醒“天人合一”的宇宙智慧、“自强不息”的奋进品格等文化基因，在哲学思辨、社会治理、文艺创作等多个维度催生出崭新的文化形态。例如，在思想理论领域，“人类命运共同体”理念将马克思主义的社会发展理论与中华文明“协和万邦”的天下观相结合，为全球治理贡献中国智慧。这种深度融合既坚守马克思主义的科学内核，又为传统文化注入时代新解，构建出既深植历史文脉又彰显现代精神的文化生命体。正如参天大树扎根沃土而枝繁叶茂，这一文化生命体将中华文明的深厚积淀与现代文明的开放包容相融合，为中华文明注入持续创新的蓬勃生机。❷

---

❶ 邹广文．回归自己民族的文化主体性 [J]. 吉林大学社会科学学报，2024（3）：23.

❷ 黄子萱，孙建华．“新的文化生命体”的生成逻辑及价值意蕴 [J]. 江苏社会科学，2005：1-8.

2. 文明新形态构建

在“两个结合”的深厚基础上，推动中华优秀传统文化创造性转化与创新性发展，构建具有中国特色、中国风格、中国气派的学科体系、学术体系和话语体系，正成为铸就中华文化新辉煌的战略路径。这一转型进程绝非简单的文化复古，而是以马克思主义为科学方法论，对传统文化进行现代性重塑。在学科体系建设上，突破传统经学框架，构建“新文科”体系，推动马克思主义理论与中华文史哲深度融合；将“民本”思想与人民主体地位理论相结合，发展政治社会学。发展马克思主义历史学，揭示中华文明连续性与创新性的内在逻辑。话语体系构建方面，提炼“和合共生”“天下为公”等标识性概念，形成既具传统底蕴又含现代价值的学术范式。[1]

（1）学科体系的守正创新

突破传统经学框架，构建“新文科”体系。如将马克思主义辩证法与《周易》变易思想结合，创新哲学方法论；将人民主体地位理论与“民惟邦本”传统融合，发展政治社会学。在考古学领域，建立中国特色考古学，用科技手段解码三星堆等文明密码；在历史学领域，发展马克思主义历史学，揭示中华文明五千年连续性与创新性逻辑。

（2）学术体系的时代重构

建立具有自主解释力的学术范式。敦煌学研究运用数字技术对壁画进行复原与活化；故宫文创开发让皇家典藏融入现代生活场景；环境史学挖掘“天人合一”生态智慧，为可持续发展提供文化支撑；数字人文技术重构《四库全书》等典籍研究；中医现代化推动传统医学与循证医学结合。此外，还可以从话语体系的国际传播、文化实践的融合创新、文明互鉴的双向赋能等方面着手展开，在文明交流互鉴中铸就新时代文化辉煌。

3. 深化民族文化认同

深化民族文化认同，具体而言，就是坚守中华文化独特性，深刻把握

---

[1] 杨月朗，丁匡一．论人类文明新形态的主体性维度 [J]. 内蒙古社会科学，2025，46（2）：15-23.

中华文明的价值体系、精神特质和历史轨迹。增强文化自觉、文化自信和文化自强意识，推动民族文化繁荣发展的自主能力。[1]

（1）价值根基：从历史血脉到精神图谱

中华文明的价值体系，是以“仁义礼智信”为伦理根基，经儒家系统化构建的“五常之道”。商周之变确立“公天下”政治理念，唐宋税收转型强化集权，抗日战争锻造现代民族意识，构成文明基因的三重编码。精神特质层面，右玉精神诠释“天人合一”生态观，航天精神融合传统工匠精神与现代科技，红旗渠精神重塑集体记忆，形成“自强不息、厚德载物”的精神图谱。抗疫中“生命至上”原则的全球实践，更让东方智慧与西方功利主义展开深层对话。

（2）教育浸润：从课堂启蒙到社会熔铸

国民教育体系正重构文化基因链，教材改革将《道德经》宇宙观、《论语》伦理与红旗渠案例结合，打造“五维特征”课程。实践课堂延伸社会场域，“乡村文化振兴工作站”将非遗技艺转化为劳动教育，数字博物馆让甲骨、壁画“活起来”。媒介赋能方面，《亮剑》等影视剧年轻化历史叙事，短视频平台传播“微历史”，构建沉浸式教育场景，形成“课堂—社会”双轨并行的文化浸润体系。

（3）产业革新：从符号提炼到经济赋能

传统文化 IP 正通过现代转化焕发生机。《山海经》神兽 IP 开发 AR 游戏，云南民族工艺融入潮牌设计，非遗衍生品、影视制作、国际展演形成全链条。数字文化领域，“元宇宙剧场”演绎经典，《长安三万里》全球发行，非遗作品通过区块链确权，实现文化价值与经济价值的共生共赢。文旅融合创新“红色＋生态”研学模式，VR 长征体验让历史可感可知。[2]

（4）国际传播：从文化输出到价值共鸣

---

[1] 梁兆桢．论文化认同的理论内涵、价值意蕴及实践路向 [J]. 文化软实力研究，2023，8（3）：89-100.

[2] 单文婷．传统文化 IP 的“出圈”密码 [J]. 视听界，2024（6）：4.

国际传播战略正从“输出”转向“对话”。气候治理中“和而不同”的生态观，对抗西方“碳霸权”叙事；孔子学院升级为“文化创新实验室”，联合开发“一带一路”主题游戏。文化贸易网络整合产业链，推动非遗衍生品、影视、展演全球流通，参与ISO标准制定，让中医、武术认证体系国际化，构建“文化—贸易—标准”三位一体传播矩阵。

（5）政策护航：从顶层设计到基层赋能

制度创新为文化繁荣提供根本保障。文化遗产“数字身份证”制度纳入政绩考核，非遗保护法律增设“基因保护”专章。财政专项支持冷门绝学，人才计划培育复合型人才梯队，形成“研究—传承—推广”全链条。基层赋能方面，“文化基因库”建设激活乡土记忆，公共文化服务网络向乡村延伸，让文化认同扎根人民日常生活。这一战略框架，既守护文化根基的“主体性”，又拥抱现代文明的“开放性”，让中华文化成为人类文明的“异质性增量”。正如红旗渠水穿越太行，中华文化的生命力必将在时代开凿中奔涌向前，为世界文明贡献独特智慧。

第二章　中华优秀传统文化相关阐述

第一节　中华优秀传统文化及其价值意蕴

一、中国传统文化及其思维方式

（一）文化、传统及传统文化

1. 文化

文化是一个使用极广而又争议极多的概念。文化的定义在学术界不断涌现出新观点，已成为一个各抒己见、观点纷呈的学术议题。就文化界定的范围而言，它可被区分为广义文化和狭义文化两种。[1]

（1）广义上的文化

所谓广义文化，指的是将文化的范围确定在较为广泛的范围内，包含了人类在社会历史实践中创造的精神财富和物质财富。这种涵盖范围广泛的文化，通常被称作大文化。文化是指一系列传统器物、货品、技术、思想、习惯及价值观念的综合体，它是一个调节并影响社会科学各个层面的概念。因此，文化涵盖了物质设备、精神文化、语言以及社会组织等多个层面。

在广义文化中，物质设备指的是人类创造和使用的各种物质工具和技术，如建筑物、交通工具、农具等。这些物质设备反映了人类的生产力水

[1] 郭莲．文化的定义与综述 [J]. 中共中央党校学报，2002（1）：115-118.

平和科技进步，是文化发展的重要组成部分。精神方面的文化则包括了人们的思想观念、艺术作品、道德规范等，它们反映了人类的思维方式、情感表达和价值取向。语言是人类交流和沟通的重要工具，它是文化传承和交流的媒介。社会组织则指的是人们在社会中的组织形式和社会关系，如家庭、政府、组织机构等。这些社会组织对于社会秩序和社会功能的维持起着重要作用。

广义文化的范围较广，涵盖了人类社会各个方面的精神和物质活动。它反映了人类社会的历史、传统和进步，是人类社会发展和进步的重要标志。通过研究广义文化，可以深入了解人类社会的多样性、创造力和价值观念，促进文化交流、文明对话和社会发展。

（2）狭义上的文化

狭义文化指的是将文化的范畴限定在人类创造的精神财富之内，也因此被称为小文化。在中国历史上所谈论的文化，正是这种狭义上的文化。从广义的民族学角度来看，文化或文明包含了人们所掌握和接受的全部知识、信仰、艺术、道德、法律、风俗习惯，以及任何其他才能和习惯的综合体。而狭义文化则特指精神层面的文化，排除了物质层面的内容。

狭义文化强调的是观念形态的文化，即精神层面的文化，它体现了文化的重要性，以及对经济和政治的渗透性和反作用。精神层面的文化包括人们的思想观念、艺术作品、价值观念等，它们是人类思维方式和情感表达的重要组成部分。精神层面的文化在塑造社会成员的行为准则、规范和思维方式方面起着重要作用。狭义文化更加突出了精神层面的内容，它更加注重文化的思维、信仰和道德等方面的影响。狭义文化强调文化的内涵和价值观念的传承，它反映了一个社会的特定历史和传统，体现了社会成员的共同认同和归属感。

狭义文化并不否认物质层面上的文化的存在和重要性。物质层面上的文化包括人类创造的物质财富、技术和物质生活方式等。物质层面的文化与精神层面的文化相互作用、相互影响，共同塑造着社会的面貌和发展。

总的来说，狭义文化将文化的范围限定在精神层面的内容，强调观念形态的文化对于社会的影响和重要性。它反映了人们的思想观念、艺术创作、价值取向等方面，是一个社会历史和传统的重要组成部分。狭义文化并不排斥物质层面上的文化，两者相互作用、相互影响，共同构成了一个完整的文化体系。

（3）广义文化与狭义文化的区别

广义文化与狭义文化的区别，在于其外延涉及范围大小不同。但广义上的文化更为适宜，原因如下。

第一，人类物质层面文化的创造与精神层面文化的创造是紧密联系的。人类创造的满足衣食住行等物质需求的财富，必然融入人的智慧、观念、理想、审美等精神层面的内容。这种融合使得物质和精神的创造相互交织，互为基础，相互影响。

人类的物质层面文化创造是通过对自然资源的利用和技术的发展实现的。人类根据自己的需要和创造力，通过农业、工业、建筑、交通等领域的努力，创造了丰富多样的物质财富。这些物质财富包括食物、衣物、住房、交通工具等，满足了人们的基本需求。物质层面的文化创造不仅是简单的生产和使用，它还蕴含了人们的智慧和创造力。例如，在建筑领域，人们通过设计和建造各种建筑物，创造出富有艺术性和功能性的建筑作品，体现了人类的审美追求和文化表达。

精神层面的文化创造是人类的思想、观念和艺术的创造。人们通过语言、文学、艺术、音乐等形式表达自己的思想和情感，传递价值观念和文化传统。这些精神层面的成果丰富了人类的内心世界，丰富了文化的内涵。例如，绘画、雕刻、音乐、舞蹈等艺术形式都是物质和精神的统一体，它们通过物质的载体表达人们的情感、思想和审美追求。

物质层面文化和精神层面文化是相互依存、相互影响的。物质层面的文化为精神层面的文化提供了物质基础和条件，而精神层面的文化则赋予了物质层面的文化以意义和价值。例如，一座建筑不仅是物质的结构，还承载着历史、文化和艺术的内涵。同样地，艺术作品的呈现也需要物质的载体和媒介。

第二，就研究领域和实践领域而言，采用广义文化概念更为合适。如果要研究中华优秀传统文化在当代的价值，应该采用广义文化概念，用最宽泛的视角来审视和梳理中华优秀传统文化这一极为珍贵的民族资源，以实现源头的充分利用和开发。

中华优秀传统文化是一个庞大且丰富的体系，它包含了许多方面的内容，不仅是精神层面的文化，传统的饮食、服饰、建筑等文化形式也是中华优秀传统文化的重要组成部分。这些物质层面的文化形式承载着丰富的历史、文化和艺术内涵，反映了中华民族的生活方式、审美观念和技艺传承。

通过广义文化概念的应用，能够更全面地了解中华优秀传统文化的内涵和价值。可以从不同的角度，如历史、艺术、社会学等，对中国传统文化进行研究和探索，深入挖掘其中的智慧、美学和价值观念。同时，这也能够更有效地守护与传承中国传统文化的多元面貌，涵盖物质文化形态与精神文化内涵的各个方面。[1]

2. 传统

（1）传统的界定

所谓传统，是指人类的生存行为经由历史凝聚、积淀传承下来的稳定的社会价值形态和文明形态，如伦理道德、价值观念、风俗习惯、艺术传统、行为规范等。[2]

传统的关键要素体现在三个方面：历史积淀、稳定性、社会形态。传统必须是在历史中形成的具有稳定性特点的社会文明形态，它是一个民族或地区的人们在长期的生存实践中，经过反复选择、认同而形成的具有广泛社会基础的价值立场和行为范式。这也是传统与现代的区别。

（2）传统与现代的联系

传统作为人类社会的文化遗传，对社会的和谐与稳定起着重要的整合作用。它不仅影响着人们的价值取向和行为准则，还对社会的发展产生引

---

❶ 郭莲．文化的定义与综述 [J]. 中共中央党校学报，2002（1）：115-118.

❷ 传统概念探析 [J]. 哲学动态，1996（4）：31-34.

导性的作用。对于一个民族来说，传统形成的社会认同性在民族社会中代代相传、时时相因，它是这个民族潜移默化的深层意识形态，也是影响其社会发展的巨大原动力。因此，继承和弘扬优秀的传统，成为一个民族继往开来的必然选择。

人类社会及人类自身的发展需要吐故纳新、兼收并蓄。传统的继承与弘扬也应与时俱进，以不断更新和完善自身，更好地发挥其在现代社会中的价值。因此，传统与现代的关系并不是二元对立的，而应该是二者和谐共生的。传统是人类社会历史和文化的积淀，它承载着民族的智慧、价值观念和经验教训。在传承中，可以汲取传统的智慧，从中获得启发，为现代社会的发展提供指导和借鉴。传统的延续和弘扬能够给人们带来认同感和凝聚力，使人们更加自信地面对现实挑战。

传统并非僵化不变，它需要与时俱进，与现代社会的需求相结合。传统文化的继承和弘扬应该通过创新和发展，与现代社会的价值观和发展目标相契合。这意味着需要从传统中筛选出有益的核心价值观，并将其与现代社会的需求相结合，使传统更好地适应现代社会的发展。

传统与现代的关系是一个动态的过程。传统在与现代的相互作用中不断演变和更新，同时现代社会也在传统的滋养下不断发展和进步。二者相互依存、相互促进，形成了一种和谐统一的关系。这种二元统一的态度可以推动人类社会朝理性和良性发展，既能保持传统文化的传承，又能适应现代社会的需要和变化。

在人类社会的发展中，传统与现代的二元统一是一种重要准则。[1]需要在传承传统的基础上，不断开拓创新，使传统焕发新的生机与活力。同时，也需要在现代社会的发展中，借鉴传统的智慧和价值观，保持对传统的尊重和理解。只有这样，才能实现传统与现代的和谐统一，推动人类社会朝着更加进步、和平、繁荣的方向发展。

---

[1] 傅永军．现代性与传统——西方视域及其启示[J]．山东大学学报（哲学社会科学版），2008（2）：8-15.

3. 传统文化

（1）传统文化的界定

传统文化是一个民族在历史中形成和积淀的精神文明形态、物质文明形态和行为文明形态。如何推动自身文化的广泛传播并获得较大的文化影响力，是新时代中国文化传播工作需要解决的重大问题。[1] 传统文化具有鲜明的个性特征和稳定性特征。

第一，个性特征指的是传统文化所具有的民族性。每个民族都生活在特定的环境和实践中，这些具体环境塑造了独特的价值观和行为模式，构成了传统文化的个性特征。民族性反映了民族在特定历史时期所形成的独特文化特征，代表了民族的精神追求和生活方式。

第二，稳定性特征指的是传统文化的文化立场。传统文化形成于特定的条件和基础之上，并且具有固有的价值认同和文化立场。这种文化立场凝聚了广大社会成员的情感和意愿，具有强大的社会整合和排异功能。传统文化通过代代相传，绵延不断，保持了其稳定性，为社会提供了持久的文化基础和认同感。

传统文化的个性特征和稳定性特征相互交融、相互影响。个性特征使每个民族都具有独特的文化身份和精神特质，展现了多样性和丰富性。稳定性特征则为民族提供了持久的文化认同和社会凝聚力，帮助民族在社会变革中保持稳定性和连续性。

继承和弘扬传统文化需要重视其个性特征和稳定性特征。通过深入研究和理解个性特征，能够更好地认识和把握民族的独特精神追求和价值观。通过保持和传承稳定性特征，能够凝聚民族凝聚力，维护社会稳定。同时，传统文化也需要在现实社会的需求和变化中进行创新和发展，以适应时代的要求。

（2）传统文化的本质特征

第一，传统文化是人类社会发展的基因。社会作为人类文化现象的产物，总是基于某个精神原点与价值逻辑的，其深层结构要素总是与其历史

---

[1] 郑晓玉．中华优秀传统文化传播路径探析 [J]. 中国报业，2024（14）：14.

渊源有着传承和因果关系。因此，传统文化是人类社会的基因，没有传统文化，也就没有现实社会。既然现实社会是传统文化的基因延续，传统文化就应该是规范现实社会合理发展的最终准则。由此可见，继承、发扬优秀传统文化，就是传承人类文明的基因，保证人类社会良性发展。

第二，传统文化是一个民族存在的根基。一个民族的文化品质，是在文化传承中确立的。所以，坚持传统文化，就是坚持民族的独特品格和民族的未来。

（二）中国传统文化的界定

所谓优秀传统文化，自然是在今天的生活中仍然能够发挥积极作用的传统文化。[1] 而在传统文化中之所以存在仍然能够在今天发挥积极作用的优秀传统文化，则是因为历史的辩证发展不是一次性的否定，而是不断的否定。

中华优秀传统文化的重要组成部分是那些能够通过创造性转化和创新性发展，而与革命文化和社会主义先进文化也就是列宁所说的无产阶级文化相融合的中国传统文化。

从人类社会的历史发展来看，资本主义否定了传统社会，而社会主义又否定了资本主义，从而在对传统社会进行了否定之否定的社会主义国家里，传统文化中就会有相当多的一些优秀部分能够与革命文化和社会主义先进文化相融合，得到创造性转化和创新性发展，这是“人类在资本主义社会、地主社会和官僚社会压迫下创造出来的全部知识合乎规律的发展”[2]。这也是西方诞生的马克思主义能够在东方的中国取得成功、马克思主义中国化能够取得重大成果的根本原因。

中华文明有如此多的优秀传统文化，一方面与中华文明传承数千年时间之长有关，传统文化众多，其中总有一些文化能够成为优秀传统文化；另一方面也正是因为有了这些优秀传统文化，中华文明才得以延续下来。

---

[1] 李宗桂．试论中国优秀传统文化的内涵[J]．学术研究，2013（11）：35-39.

[2] 列宁．列宁全集 第 39 卷 [M]．北京：人民出版社，2017：334.

中国传统文化还有一个特点是，其内容与形式（载体）可以分离，从而方便将传统文化进行创造性转化而成为今天的优秀文化。❶

（三）中国传统文化中的思维模式

中华优秀传统文化是中国式现代化重要的文化资源，在中国式现代化的形成与发展中起到了重要的作用。❷文化包括三个方面：①人们最基本生活需要方面的文化；②约束机制方面的文化；③人们经过多年的生活和习惯形成的观念方面的文化。在这三个文化层面中，儒家、佛家和道家思想是中国传统文化发展的主体框架，并且深深融入了人们的生活。

思维方式是一个人看待问题的基本态度和基本方法，思维方式的差异既形成了人的个体差异，也会形成文化上的差异。中国的传统文化和中国人的思维方式相互影响、相互制约。传统文化对思维方式产生影响，而思维方式也反过来影响和制约着民族文化的发展。传统文化通过塑造人们的思维模式和价值观，对中国人的思维方式产生了深刻影响；中国人的思维方式又具有创新性，不断地创造出新的文化形态和实践模式，促进了传统文化的发展和传承。这种相互影响、相互制约的关系，推动着中国文化的发展和变革。中国传统文化中的“阴”“阳”二元论思维方式，指引人们洞察事物发展的内在规律，并运用恰当的方式处理人与自然、人与社会的种种复杂关联，促使矛盾中的对立面实现统一与和谐，从而构筑出完美的事物状态，确保生产的顺利进行和社会的和谐稳定。❸

1. 中国传统文化思维的原则

（1）整体性原则

中国传统文化思维将事物划分为对立的两个方面，并通过把握其对立

---

❶ 余斌．论中华优秀传统文化的界定与新时代中国的文化自信 [J]. 马克思主义文化研究，2021（2）：81.

❷ 杜佳．中国式现代化的传统文化底蕴论析 [J]. 中国军转民，2023（24）：114.

❸ 刘若斌．论中华传统文化的主要内容和特征 [J]. 东岳论丛，2008（2）：194-197.

与统一的发展规律来理解整体。将思维对象置于这对立的两个方面中进行考量，便能从全面联系的整体性中把握对象，这便是思维过程中的整体性体现。中国传统文化的继承和发展得益于中国传统思维的整体性原则。

儒、释、道思想对于形成和发展博大精深、源远流长的中华文化有着重要的作用，涉及方面之多、程度之深仍然是众多学者不断研究的方向和热点。[❶]儒释道文化作为中国传统文化的精髓和主干，其中“儒”代表儒教，“释”即释教，也即佛教，“道”则是指道教，历史上并称为“三教”。这三种文化各自拥有独特内涵与特色，同时又相互交融、相互促进、共同发展，彰显了中国传统文化思维的整体性特征。儒释道文化的演进历程大致可划分为三个阶段：魏晋南北朝梁武帝时期、唐宋时期以及元明时期。在这一发展过程中，儒释道虽各自独立、各有千秋，但彼此间又相辅相成，对于推动社会进步和提升民众道德水平发挥了至关重要的作用，共同促进了社会的蓬勃发展。[❷]三教的思想从开始独立到慢慢交叉和融合，到了最后阶段实现了完全意义上的合一，成为中国传统文化不可分割的一个整体。

儒学的思想精髓可概括为“大学之道”即“三纲八目”。所谓“三纲”，是指明明德、亲民、止于至善，指明大学的宗旨由三个纲目组成：①弘扬光明正大的品德；②把光明正大的品德应用于生活；③使人达到最完善的境界。所谓“八目”，是指格物、致知、诚意、正心、修身、齐家、治国、平天下，这是儒家为人们提出的一个人成功所经历的过程和步骤。意思是要求人们亲自实践，不要有过多的欲望，在实践中树立崇高的道德意识，为人真诚，抵御各种欲望的诱惑，提高自己的品德修养，管理好自己的家庭和本职工作，然后更好地治理国家，为天下众生服务。[❸]

佛学作为一门至善至美的教育，因为其经、律、论理论体系的完整性和完备的教育机制而备受推崇。佛学强调修心的重要性，旨在通过明心见

---

❶ 张庆国．浅析儒释道传统文化中的生态智慧 [J]. 艺术科技，2019，32（2）：295.

❷ 洪修平．儒佛道三教关系与中国佛教的发展 [J]. 南京大学学报（哲学·人文科学·社会科学版），2002（3）：81-93.

❸ 陈君．大学之道在明明德 [J]. 质量与标准化，2023（7）：21.

性与宇宙的能量场达到和谐统一。学习佛学即修心的过程，要不断整顿自己的思想，摒弃不正确的思维、观念和情感。最终，学习佛学能够帮助人们达到无烦恼的境界，获得内心的平静。

道家的思想宗旨是道法自然，无为思想，以无为思想治国。道家的思想本质是出世，道家强调要讲“道”，“道”就是规律，宇宙的规律，也是宇宙的本源，也是宇宙中万物存在和生长的规律和准则。自然界万物处于经常的运动变化之中，世界上没有固定不变的东西，这就是道，道是宇宙运行的基本法则。一个人要想幸福和长寿，一定要按照道的自然规律去想、去行，任何人都不能脱离天道的规律而独立生存。如果把这个思想推广开来，国家和社会的发展，一定要合乎天道的规律，只有顺应自然、顺应天道和民意，才能国泰民安，才能社会安宁。所以，道家思想中的“清净无为”“返璞归真”“道法自然”等主张，与中医养生、治疗和保健有异曲同工之妙，深刻反映了中国传统文化思维方式的整体性。❶

儒家、佛家和道家对生和死的态度有着不同之处，佛教和道教的人生目标是相似的，都是想通过修炼远离尘世。而儒家则不同，儒家的思想是世间法，不脱离尘世而进行自我完善，强调修身、齐家、治国、平天下，是一种治世工具。

从对儒家、道家和佛家文化及其对生死的态度的分析来看，作为社会的意识力量和百姓能接受的思想，儒家、道家和佛家的思想影响范围极广，三分天下，但从整体看，三者不但具有发展性，而且还具有整体性和一致性。纵观三教的核心思想与特色，它们均以维护社会道德秩序、促进政治统治的稳定为根本出发点和最终归宿。三教虽形式各异，但皆归宗于德，皆旨向善，这深刻体现了中国传统文化思维的统一性和整体性特征。❷

（2）对立统一性原则

对立面之间的统一和斗争，是矛盾双方所固有的两种相反的属性。对

---

❶ 朱玲玲．道家思想下天人合一观对武当武术的影响 [J]. 中华武术，2024（10）：112.

❷ 洪修平．儒佛道三教关系与中国佛教的发展 [J]. 南京大学学报（哲学·人文科学·社会科学版），2002（3）：81-93.

立面的统一是矛盾双方相互依存、相互肯定的属性，它使事物保持自身的统一。由于对立面之间相互统一的作用，双方能够相互吸取和利用有利于自己的因素而得以发展。对立面之间的相互斗争，是促成新事物否定旧事物的决定力量。

中国传统文化的核心价值观中，深深体现了对立统一的思想，其中的“中和”思想，将矛盾的两个方面通过整合汇聚到一致的方面。这种思想不仅构成了古代治国理政智慧的核心，也是现代中华政治文化的重要组成部分。中和思想不断地影响着中国人民的思维方式和价值观，对于实现个人和社会的和谐发展，起到了非常积极的作用。

中和的含义是不偏不倚、无过不及、不走极端，即指事物具有的最佳的组成结构以及最精当合理的比例关系，中和表征了事物存在的最佳状态，是事物最优秀的生存和发展规律。“中和”这个思想已成为中华民族的最高生存智慧，使中华民族数千年以“和”为根本价值追求，以“中”为根本思维方式，深刻体现了对立统一的哲学思想。

中国传统文化思维倾向于追求“统一”和“互惠互利”，中国传统哲学强调“阴阳一体”和“万物和合”的理念。尽管并不否认存在着对立，但更加强调“统一”的观点，提倡“和为贵”“宽容理解”以及“冤家宜解不宜结”的原则。中华文化是一种对立与统一并存的文化，它是一个注重和谐、团结和民主的文化。中华文化容许个人持有不同的信仰，倡导求同存异，相互尊重，并能够和睦共处，不同而和谐共生。不同民族的文化造就了不同民族的思维方法，而思维方法的不同又对文化产生了极其深刻的影响。思维方式是民族精神的核心要素，它深远且持久地塑造着民族的心理特质和性格特征，而各民族独特的思维方式往往直接作用于其社会政治制度的构建。中国古代哲学强调矛盾的统一与和谐，这种思想在政治领域体现为“大一统”的理念，进而成为了中国封建专制主义的理论支撑。[1]

---

[1] 彭华．中国传统思维的三个特征：整体思维、辩证思维、直觉思维 [J]. 社会科学研究，2017（3）：126-133.

总的来说，对待中国传统文化思维应该持一种科学的态度。应该充分肯定中国传统思维方法所取得的巨大成就，并在此基础上加以完善和发扬；同时，也应该认识到其存在的不足，并寻求改进。鉴于当前科技的迅速发展以及我国改革开放及现代化建设的新形势，确实有必要重新审视自身的思维习惯和方式，研究和学习科学的思维方法，倡导良好的思维品质，迎接新时代的挑战。

2. 中国传统文化思维模式的特征

中国传统文化思维模式并非局限于形象思维，而是包含分析、综合、抽象等逻辑思维过程，超越了单纯的感性阶段。[1]中国传统文化思维方式有着显著的特征：①整体性，思考问题时需从整体着眼，兼顾整体与部分之间的联系，用全局的视角来描绘社会状况，体现事物的发展规律；②实践性，主张认识既源于实践又反作用于实践，重视思维的具象与抽象结合，强调概念的逐步深入，以及认识过程中的道德伦理性质。[2]

中国传统文化思维方式除了注重全局性和实用性外，还非常注重形象思维，并善于将形象思维与抽象思维有机结合起来，总结出事物的一般规律，再用这个规律指导社会实践；注重人们的直觉思维，并善于从直觉思维中去体悟内心的感觉和体验，重视逻辑推理等。

中国传统文化思维方式的总体目标就是要达到整体和谐。中国人希望通过彼此的努力能够左右逢源，从而达到整体和谐；从认知的过程来看，中国人看问题从局部到整体，习惯从大局系统地去研究事物发展的过程与状态，把握事物的处理方法；从行为表现上看，中国人避免处理问题极端化，要留有回旋的余地，所以在生活中处理问题的时候，多是采取中和的方法，不偏不倚。

---

❶ 楚渔．中国传统思维模式缺陷分析 [J]. 北京理工大学学报（社会科学版），2011，13（2）：130.

❷ 朱方长．对中国传统文化思维方式的新思考 [J]. 理论月刊，2004（4）：46-48.

3. 中国传统文化思维模式的发展

思维是对客观事物的概括和间接的反应过程，这个过程包括人对生活或对某一问题的认知或智力活动。思维包括直观行为思维、抽象逻辑思维和具体形象思维，思维是探索与发现事物的内部本质联系和规律性，是认识过程的高级阶段。

思维方式是一个人看待问题的基本态度和基本方法，中国现在的思维方式是从封建时代开始发展和延续起来的。农民在田间劳动是古代人们经济生活的主要内容，这种生产方式形成了一套固定的传统的思维方式，家族观念的思想与当时社会种族观念的形成，都是中国传统文化思维方式形成和发展的主要土壤。古代非常讲究的、严格规范的"礼"，以及表现当时人民精神思想的"乐"，都深刻体现了中国传统文化思维的一种形式，这是人们思维活动的主要方式。此外，基于当时社会经济文化现状，人民的精神生活及其表现形式也是古代文化思维方式形成的主要因素。这种思维既有不变的因素，又有随着时代不断发展的因素，这些因素在中华民族绵延五千年的历史文化的长河中，影响了中国传统文化思维方法发展的特点和模式。

中国传统文化思维的结构很早就形成了，在春秋战国时期，儒、道两家的思想既相互统一又相互促进，在当时的文化中占主流地位，所以儒、道两家的思想和观念影响了传统思维的发展，奠定了中国古代文化的理论基础，对当时社会的发展和民众的生活产生了很大的促进作用，进而确立了传统文化思维理论的基本框架。[1]

中国传统文化经历了几千年的发展历程，包括精华和糟粕两个方面，其对人们思维方式的影响也十分复杂。在今后的传统文化教育中，应该善于发扬优点、避免缺陷，并弥补人们在思维方面的不足，提升整体思考能力，从而进一步增强国家的综合实力。

---

[1] 李宪堂，马斗成．中国传统文化思维框架论纲 [J]. 青岛大学师范学院学报，2003（3）：36-44.

（四）中国传统文化的功能

1. 个体性功能

中国传统文化通过具象化的思想载体与行为实践，为个体提供心理稳定器、价值坐标系与行为指南针，其功能深度嵌入民族集体潜意识中。[1]

（1）心理调适功能

儒家文化中的“中庸自省”思想构建了动态平衡的情绪管理系统，培养个体对情绪波动的觉察与调控能力；道家文化中“清静无为”的哲学则提供了解构现代性焦虑的认知框架，为高压环境下的个体开辟了精神缓冲地带；佛家文化中的“破执”智慧更以“应无所住而生其心”的顿悟法门，辅助人们超越物质与概念的桎梏。

（2）价值观塑造功能

“仁义礼智信”的伦理体系通过家训、乡约等载体内化为个体的道德基因，而墨家“兼爱”思想对平等关系的追求，法家“法不阿贵”的规则意识，共同构成了现代公民意识的文明底色。

（3）自我认知功能

中国传统文化通过儒释道哲学、书画棋茶等艺术技艺，构建多维自我认知体系。儒家修心养性，道家悟道自然，佛家明心见性，引导个体洞察本心。艺术创作与技艺修行作为实践路径，培养对自我与世界的觉知，最终达成身心和谐之境。

2. 传承与创新功能

纵观人类社会的发展历程，无论哪个国家，也不论其处于哪一个历史阶段，都是建立在先辈们所留下的物质和精神遗产之上的。[2] 各个时期的思想家们在探索传统文化精华的过程中，不断寻求当代文化与传统文化在内容上的共通之处，并从先贤的思想世界中发掘出具有普遍适应价值的内

---

[1] 黄建华．大学生马克思主义理论教育的个体性功能分析 [J]. 职业时空，2008（8）：165.

[2] 周治滨，陈明才．文化的功能与社会主义核心价值体系的培育 [J]. 探索，2013（4）：103-106.

容，用以构建适应当前时期需求的思想体系。

在文化发展进程中，须臾不可偏废民族文化传承，以巩固民族文化的价值本源和文化根基。传承是保持传统文化的连续性和延续性的关键，使人们能够感知和理解先辈们所创造的智慧和经验。通过传承，能够继承和传播民族的文化遗产，使其在当代社会中发挥作用，并为后代留下宝贵的精神财富。

传承并不意味着停滞不前，而是需要注入创新元素，使得传统文化焕发出新的光芒。创新是传统文化发展的必然要求，它使传统文化与时代相适应，保持活力和生命力。通过创新，能够重新诠释传统文化的内涵，将其与现代社会的需求和价值相结合，从而使传统文化更具当代意义。

因此，在继承和创新的过程中，中国传统文化展现出了持久的生命力和强大的社会整合力。通过继承传统文化的精髓，能够保持民族文化的独特性和认同感。同时，通过创新，能够使传统文化与现代社会相契合，发挥其在当代社会中的积极作用。传统文化的继承和创新是一项长期而艰巨的任务，需要全社会的共同努力和参与，以实现中华文化的繁荣与发展。

3. 认同与归属功能

文化认同是民族共同体生生不息的精神基石，是民族所有成员共有的心灵密码。[1]文化认同的关键因素是价值本源、心理意识等，说明决定整个民族凝聚力大小的关键因素是优秀传统文化。主要原因在于全民族共同社会记忆，需通过价值整合、过滤及心理认同形成，构成民族认同感和凝聚力的核心要素便是传统文化。这些核心要素，在长期历史演变历程中，通过人们不断传承积累，使得民族心理和社会记忆得以延续，最终形成相对稳定的发展模式。

价值内核与思想观念相较于制度、礼仪、风俗、习惯等浅层文化，价

[1] 梁兆桢．习近平关于文化认同重要论述的思想内涵及时代价值 [J]. 西华大学学报（哲学社会科学版），2022，41（5）：10-19.

值内核更具有内隐潜存、稳定少变的特点。这些已经深入各民族成员思想中，牢牢凝聚着中华民族感情，在每个成员心底烙下不可磨灭的印记。经过外界刺激，将会激发这种情感，使得群体之间更为团结，从而推进中华优秀传统文化发展。

4. 构建与整合功能

为了宏观上规划社会整体秩序，需要依托文化来制定制度和价值观念，引导社会成员按照既定的方向和路径前进，以确保个人、社会与国家三者之间的和谐共生，并促进国家在社会性和阶段性上实现良性发展。[1]在这一过程中，不仅需要正确看待历史及国家历史定位，还需要认识到现代及传统、理想及现实、重大事件态度，设定国家及民族命运、把握未来理想等。以主流价值观和思想为主，既要整合各民族不同文化价值及思想，又要整合每个历史阶段中各种价值观及主流文化，从而逐渐形成一个统一的有机融合文化体系。

历经千年的中国传统文化，在不断孕育、形成及发展中，已经处于一个多元化格局。在一个区域内，优秀传统文化的创作过程离不开多个民族、地区中劳动人民的劳作成果，形成文化多元性。民间文化、官方文化、大众文化及精英文化依据不同文化阶层划分；主流文化、非主流文化则依据文化地位划分；西域文化、江浙文化、中原文化等依据文化地域划分。各种文化类型均是在数千年传统文化发展过程中出现的类型，彼此相辅相成，最终汇聚成如今辉煌灿烂的传统文化。

二、中国传统文化的价值

（一）中国传统文化的现代价值

中华民族传承了几千年的文明，是祖祖辈辈的丰功伟绩，让我们拥有

---

[1] 赵传海 . 论文化基因及其社会功能 [J]. 河南社会科学，2008（2）：50-52.

着世界其他国家无法比拟的深厚文化底蕴。[1]中国传统文化的内容丰富多彩，在现代依旧绽放着绚丽的光彩。它的现代价值体现在人们生活的方方面面，而且中华传统也早已渗透到人们的血液中。一个民族的文化孕育了一个民族的精神，而一个民族的精神又支撑了一个民族的发展。

1. 科技文化的现代价值

科技文化对人类发展进步的推动力是其他文化无法相比的。除了四大发明外，中国古代在天文、历法、医学、数学等方面均有杰出的成就。

第一，古代时期，为了测量时间和季节，人们研究了太阳、月亮和星星等在天空中的位置，并揭示了它们随时间变化的规律。基于这些观察，人们创立了历法系统，该系统不仅应用于日常生活，还在农牧业生产活动中发挥了重要作用。这一体系以历法和天象为核心，形成了一个完整的知识体系。

第二，除了天文历法是古代人民智慧的结晶外，医学作为人类文明的重要组成部分，其发展历程深刻反映了不同文化对生命与健康的认知与追求。中国医学，作为世界医学体系的重要分支之一，拥有悠久的历史与独特的理论体系，深刻影响了全球医疗文化。中国传统医学不仅在古代取得了显著成就，至今在医学理论与实践中仍具有不可忽视的影响力。中国传统医学的核心理论体系，包括阴阳五行学说、脏腑学说、经络学说等，构成了其独特的医学哲学，并通过数千年的临床实践不断发展与完善。中医学的治疗方法从调和阴阳、疏通经络到调整五脏六腑的功能，均体现了对生命本质的深刻理解。中医强调个体的差异性和变化性，注重从全局角度进行病症分析与治疗，力求恢复身体的内在平衡。

传统医学强调维持生命的动态平衡和人与自然的和谐共生。而西医主要依靠精准的诊断技术、药物治疗以及外科手术等手段来针对身体的具体疾病进行治疗，传统中医则秉持“调理”与“治未病”的理念，致力于从

[1] 李茂英．浅谈中国传统文化的现代价值 [J]. 作家天地，2022（17）：34.

根本上调节身体机能状态，以预防疾病的发生。[1]这两者的差异不仅源自不同的医学理论体系，也反映了各自文化背景下对生命的不同理解。传统中医在现实生活中被广泛应用。如在运动扭伤后，通常会选择去中医院进行按摩或针灸；有时身体不适也会去看中医、喝中药。

第三，在古代科学技术领域中，最为引人瞩目的成就集中在四大发明上。四大发明分别为造纸术、印刷术、指南针、火药，若是没有这四大发明，也许世界古代文化文明就无法得到传承，也就无法得知很多有价值的历史与文化；也许新航路就不会被开辟，当今的世界格局就会大不一样。这些看似平常的东西，如今已成为社会生活的重要组成部分。

中国传统文化是我国文化软实力的重要体现。其作为民族发展的重要内容，随着现实社会文化需求的不断增加而应该得到更多的重视。对涌进来的异文化，既要理解，又要有所选择。在优秀的传统文化发挥着其现代价值的同时，也要对传统文化中落后的成分加以剔除和改造。只有坚持取其精华、去其糟粕，传统文化才能更好地发挥其现代价值。

2. 哲学文化的现代价值

在中国的传统文化中，哲学文化是中华民族智慧的理性积淀和内在体现，代表了中华民族理论思维的最高水平。不仅如此，哲学文化还是整个传统文化的核心，在整个传统文化体系中起着主导作用和制约作用。中国传统文化的诸多形态无一不受哲学观念的影响和制约。因此，学习中国传统哲学文化，对于提高民族意识、弘扬中国文化很有意义。

儒家思想以“仁”为核心理念，这种“仁”的精神内涵在当今时代依然具有深远的意义，拥有仁爱之心让中国人散发出独特的魅力。同时，孝悌也是传统文化中不可或缺的重要组成部分。[2]在21世纪的今天，仁爱孝

[1] 刘文先，董竞成．传统医学文化层面的存异求同及其重要意义 [J]. 医学争鸣，2021，12（6）：15-19.

[2] 徐春．儒家“天人合一”自然伦理的现代转化 [J]. 中国人民大学学报，2014，28（1）：41-47.

悌依然不容忽视。儒家还倡导有教无类，因材施教。这类关于教育的观点在现代发挥着巨大的作用。中国的九年义务教育可以算是中国教育史上的一次巨大的成功改革。这一改革充分体现了有教无类的观点，人人都有接受教育的权利。在教育面前，每个人都是平等的。因材施教有助于帮助学生发挥主观能动性，教师可以根据学生基础的不同，使用不同的方法进行教育。这样既提高了教学的效率，又提高了学生学习的积极性。这些教育思想不仅在古代产生了深远的影响，在现代它们依旧不过时。

孔子“和为贵”“和而不同”的思想，是建立团结和睦统一的多民族国家的基石。❶时至今日，“民族区域自治”“一国两制”等政治制度，无不源于厚重的中国传统文化。这些都是儒家哲学的现代价值。如今遍布全球的孔子学院更加彰显了中国传统儒学文化的现代价值。孔子学院是中国国家对外汉语教学领导小组在世界各地设立的推广汉语的研究机构，它最重要的一项工作就是给世界各地的汉语学习者提供规范、权威的现代汉语教材，提供最正规、最主要的汉语学习渠道。孔子学院将中国传统文化进一步推向了世界。这对中国文化软实力的提升和中国在国际上影响力的加强具有重要的作用。

与儒家哲学一样，道家哲学也是中国传统思想文化的主要组成部分之一。道家哲学强调以“道”来统摄自然、社会和人生。崇尚自然是道家哲学的主要思想。道家哲学以自然哲学为构架、以“自然之道”为思想体系，它的本体论、人生观、政治哲学等都主张“道法自然”，体现了鲜明的自然主义色彩。现代的可持续发展观很大程度上可以说是对道家自然观的继承与发展。随着全球变暖和温室效应等的出现，自然环境的恶化还在继续。人们只有在尊重自然的基础上改造自然，才能造福于自身而不引起自然问题。❷

中国传统文化注重个体内在的修养，对个人的德行有着重要的要求，

---

❶ 陈来．论儒家的实践智慧 [J]. 哲学研究，2014（8）：36-41，128.

❷ 郑开．道家的自然概念——从自然与无的关系角度分析 [J]. 哲学动态，2019（2）：46-55.

这与社会主义精神文明建设是紧密联系在一起的。对于现代人而言，随着物质文化生活水平的不断提升，人们对精神文化的需求也在不断增加。社会应在道德建设上倡导敬老爱老、尊重师长、诚实守信，将精神文明建设提升到一定的高度，注重社会成员内在修养的提升，在社会范围内营造和谐的社会风气，加强社会主义精神文明的建设。这些都是中华传统思想与实际相结合的典型例子。

（二）中国传统文化的社会价值

当代社会存在冲突的一个重要原因是现代文明的畸形膨胀与传统文明的倾覆。人类文明由两大形态构成，即精神文明与物质文明。物质与精神之间的关系是复杂而深刻的，它们相互依存、相互影响，共同构成了人类社会的两个基本维度。物质是精神的基础，在马克思主义哲学中，物质被看作世界的本原，是客观存在的实物和现象的总和，人类的精神活动，包括思维、情感、意识等，都是建立在物质世界的基础之上的；精神对物质具有反作用，精神活动不仅是对物质世界的反映，还能对物质世界产生能动的影响，人类通过精神活动，如思考、创新、实践等，能够认识和改造物质世界，推动社会的进步和发展；物质与精神之间存在着相互转化的关系，在一定条件下，物质可以转化为精神，如人们通过物质生产实践中的经验积累，可以形成对世界的深刻认识和独特见解，这些认识和见解就是精神财富。物质与精神之间的关系是辩证统一的，它们相互依存、相互影响，共同推动着人类社会的发展和进步。当今社会，以工具理性为基本要素的现代文明的泛滥，使长期以来作为人类社会行为准则基础的价值传统开始坍塌。在这一背景之下，中国传统文化的社会价值越来越凸显。[1]

---

[1] 庞井君．从社会价值论视角审视未来中国文化眺望 [J]. 人民论坛，2013（16）：26-27.

第二节　中华优秀传统文化传承的前提与意义

一、中华优秀传统文化传承的基本前提

（一）中华优秀传统文化历史的创新发展

中华优秀传统文化不是一潭死水、一成不变的，而是在基本不变中也有变动，是变与不变的统一。其变化的一面体现在中国传统文化总能以开放包容、兼收并蓄的特质因时而变、开拓创新。这种创新的特质不仅发生在中国古代，同时也延续至中国近现代乃至中国当代。推动中华优秀传统文化创造性转化与创新性发展是新时代对待传统文化的重要方针策略，也是中国共产党人继承发展传统文化的理论创新。[1]

1. 中华优秀传统文化的古代发展

我们的祖先非常善于以历史为鉴、从古人身上汲取智慧来开拓创新。他们始终坚持用新的时代内涵来重新诠释传统，使传统得以超越原有水平。从中国文化的发展历程来看，中国传统文化在古代经历了两次发展高潮，分别是西周—春秋战国—两汉阶段、隋唐—两宋阶段。这两次文化高潮都是由文化创新所推动的，成为中国传统文化创新的典范。

在西周—春秋战国—两汉这一阶段中，西周在总结殷商灭亡经验的基础上，提出了新的天命观。另外在礼乐制度上，周公完成了礼乐制度建设，规范了社会行为，建立起了道德文化体系，“德”“孝”等重要道德观念出现。春秋战国时期，诸子百家面对严重的社会危机先后提出自己的政治主张。中国历史上文化繁荣的景象甚多，最早就出现在这一时期。这一时期是中华文明的思想摇篮，同时也是人类文明轴心期的杰出代表。在两

---

[1] 李若萌．中华优秀传统文化创造性转化与创新性发展研究：焦点与展望 [J]. 文化创新比较研究，2023，7（32）：86.

汉时期，先秦儒学得到改造，逐渐上升为国家的意识形态。其中，董仲舒最具代表性，他融合了阴阳五行家的思想，对以往的儒学学说进行了革新和发展。

在隋唐—两宋阶段，隋唐文化开放包容，繁荣壮美。在对待佛教文化上，国人运用“格义”的办法使其与中国文化相适应，实现了佛教的本土化转化。在文学艺术上，隋唐文化也高度繁荣，如诗歌、绘画、音乐、舞蹈、雕塑等都得到丰富的发展，涌现了大量的诗人和其他艺术家。在两宋时期，中国的文化发展达到了成熟的阶段，成为中国传统文化长河中的巅峰时刻。其中，宋明理学作为一种新的哲学思潮，不仅继承了先秦儒学的精华，而且在中国哲学史上具有卓越的地位和影响。之所以这样说，是因为宋明理学相对于先秦汉唐儒学，更加注重从形而上、本体论的角度去讨论，创造性地超越了原始儒学。从天道观上看，宋明理学形成了系统的宇宙本体论。继而又在此基础上将其理论引入人类社会。如此将伦理纲常进行了本体论的升华，成为人们遵循的理论依据，同时也弘扬了主体的能动性，以此增强了士人对儒学的认同，对于缺少心性讨论的原始儒学是一大补充和发展。除此之外，两宋时期的文学艺术、科学技术也得到了极大的发展。

2. 中华优秀传统文化的近现代转型

1840 年之后，中华优秀传统文化在面对西方文化冲击以及中国内部矛盾激化的背景下逐渐解体。而解体并不意味着中华优秀传统文化就此中断，而是走上了现代转型的艰难道路。中华优秀传统文化现代转型是一项重大而紧迫的任务，需要辨析理清现代转型何以必要、何以可能、何以遵循、何以推进等问题。[1]针对如何进行现代转型的问题，产生了四种类型，其中第四种类型，即“主张发扬民族的主体精神，综合中西文化之长，创造新的中国文化”，这一观点被历史证明是正确的，也只有这一方向能够

[1] 商志晓，王友琛．论中华优秀传统文化的现代转型 [J]. 理论学刊，2024（3）：50.

唤醒古代思想文化的生命力。中国共产党人就是这第四种观点的提出者和发展者，他们的努力为复兴我国古代文化指明了道路。

3. 中华优秀传统文化的当代创新

中华优秀传统文化是中华民族独特的精神标识，是中华民族生生不息、发展壮大的丰厚滋养，是中国特色社会主义植根的文化沃土，是当代中国发展的突出优势，在新的时代背景下，中华优秀传统文化必须扬弃继承、转化创新，才能获得新生命力。[1]在价值观上，社会主义核心价值观就是创新转化的范例。其中，国家层面的价值目标与传统文化中“家国一统”“民为邦本”“人文化成”的思想有着契合的地方；社会层面的理想追求就是对中国传统“天人合一”的自然观、“贵和尚中”的思维方式的吸收和发展；个人层面的行为准则在一定程度上借鉴了中国传统观念中“精忠报国”“敬业乐群”“言而有信”及“仁者爱人”的道德思想。

在国际交往领域，构建人类命运共同体的重要战略思想，正是植根于中华传统文化“和合共生”的哲学智慧，创造性转化“以和为贵”“协和万邦”等思想精髓，形成了契合当代全球治理需求的新型国际关系中国方案。

无论古代、近现代还是当代，中华优秀传统文化始终是“活”的文化。面对时代的变迁，它能够因时而变，适应时代要求；面对民族文化差异，尤其是在印度佛教、西方文化以及马克思主义思想传入之时，它能够以其强大的包容性学习先进之处、完善自身。虽然中间历经争论，也走了许多弯路，但总趋势是始终向前的。

只有不断接续更新，坚持正确科学的传统文化观，才能保持我国古代思想文化蓬勃的生命力。因而，传承发展我国传统的思想文化是必要的也是符合历史趋势的。在新时代，必须牢牢把握“推动中华优秀传统文化

❶ 宋小霞 . 中华优秀传统文化创造性转化与创新性发展的路径 [J]. 东岳论丛，2019，40（2）：125.

的创造性转化和创新性发展”（以下简称“两创”）方针，实现其“内在超越”。

（二）中华优秀传统文化传承发展的价值

我国古代思想文化历史悠久，绚烂辉煌，蕴藏着民族的精神追求，植根在每一个中华儿女的心中，是中华民族在全球文化中矗立的历史依据。它不仅在中国古代发挥着重要作用，在当代仍然具有强大的生存能力和渗透能力，对人的思想和行为起着潜移默化的作用。随着中华民族在新世纪的伟大复兴，它还会对世界文明发展产生巨大影响，为解决人类共同难题提供中国智慧。

1. 是构建民族精神家园的思想基础

“文化认同”是“认同”的一个层面，指对自己生活的文化环境产生的归属感。文化认同的重要作用在于彰显国人气质，培育中华民族共同体意识，强化精神认同。

中华优秀传统文化的传承发展对于强化民族认同，构筑民族共同体的重要作用主要体现在：①提供了共同的价值理念，中华优秀传统文化作为在中华大地上生根发芽的民族文化，其优秀的价值理念具有强大的认同力和感召力，深深影响着各民族儿女；②为增强民族认同提供了共同的情感支撑，中华优秀传统文化在形成过程中，不仅有总体一致性，还在统一中有着多种多样的色彩。❶

中华优秀传统文化的传承发展对于构建民族精神家园的重要作用体现在以下三个方面。

第一，对于民族自信的建立，具有强大的鼓舞作用。中华优秀传统文化以其悠久的历史发展、丰富的内涵精神，在世界文明发展史上都是别具一格的，无论从时间上看还是从内容上看都足以让中华儿女产生强烈的民族自豪感和自信心。

---

❶ 詹小美，苏泽宇．文化自觉的认同逻辑 [J]. 贵州社会科学，2017（1）：107-112.

第二，对于民族精神、强大心态的造就，具有正面的引导作用。传统文化蕴含着深厚的人文精神，强调发挥人的主观能动性。在这种思想的造就下，中国人民每每遇到艰难险阻，都会勇往直前，战胜困难，由此形成了自强不息、坚韧不拔的中华民族精神。

第三，对青年价值观的形成，具有科学导向作用。学习传统文化中“仁义礼智信”的道德原则，有助于帮助青年学生学会如何做人、如何爱人，培养学生勤劳勇敢、诚信守礼的品质，不仅有利于青年学生增强对本民族文化的自信与认同，同时也能帮助青年学生在多元思想的冲击下寻找属于自己的心灵归宿。

2. 是推动世界文明发展的中国智慧

当前，人类生活面临着许多环境危机和社会精神问题。在 1945 年之后，西方学者开始思考如何应对现代性危机。这种积极的学术探索提供了新的思维途径和文化交流的可能性。虽然中华优秀传统文化的理念不能彻底化解人类所面临的现代性难题，但可以成为一个重要参照，缓和矛盾的进一步激化。与西方文化所崇尚的“主客对立”的思维模式不相同，中华优秀传统文化中的一个重要特征就是追求“贵和尚中”，进而达到“天人合一”的境界。

第一，自我身心的矛盾可以从传统的“身心合一”思想中找到缓解之法。中华优秀传统文化强调通过修身，来实现身心的和谐。这种看法考虑的是人精神的自我满足、自我价值的实现，而不是外在的名利和毁誉。面对纷繁复杂的世界，寻找一处属于自己的心灵家园，才能有一个安身立命的根本，以慰藉自己的心灵。

第二，传统文化中“人我合一”的观念可以解决人与人之间的社会矛盾。其关键就是做到孔子所说的“仁”，将爱从个体推广至周围人乃至全社会，那么万物也会实现和谐共处。

第三，传统文化中“天人合一”的观念也为解决生态破坏问题、协调人与自然关系提供了思想借鉴。在工业化高度发展的过程中，环境污染、资源浪费等问题已十分突出。西方以“天人二分”哲学为基础的征服自然、战胜自然的观念使人与自然的关系越来越紧张，走上一条人与自然相互抵触的道路。而中国哲学中的“天人协调”说主张“人”是“天”的一部分，二者是相互联系的，认为“人”必须遵循规律，尊重“天”，不然就会引起严重的恶果，遭到环境严酷的责罚。[1]

第四，传统文化中“贵和尚中”的理念也十分重要，可以为协调国与国之间的交往提供新的出路。与西方征服世界的观念不同，在“贵和尚中”理念的影响下，中国在处理民族关系和国际关系中一直主张“协和万邦”。中国政府积极推动构建人类命运共同体这一理念，对于促进国与国之间友好交往、稳定世界发展有着一定的积极意义。

二、中华优秀传统文化在社会主义发展进程中的意义

（一）中华优秀传统文化在社会主义发展进程中的现代化意义

实现中华优秀传统文化现代化发展，使中华优秀传统文化跟上时代发展步伐，始终是近代以来肩负在每一个中华儿女身上的文化使命。中华优秀传统文化现代化发展，是在独立立场上实现的内生性发展，必须始终超越西方现代性的内在文化逻辑。我国现代化同西方发达国家有很大不同。以马克思主义为根本指导的中华优秀传统文化现代化发展是中国式现代化的重要内容，构成中国式现代化的基本文化层面，蕴含了中国式现代化之所以是中国式现代化的文化密码。在对接、容纳世界各国文化的过程中体现民族特色，使中华优秀传统文化现代化发展在植根于我国具体国情的现实土壤中保持历史连续性、体现历史跨越性，集中展现了马克思主义与中华优秀传统文化相结合在中华优秀传统文化现代化发展中的现代化价值。

---

[1] 张西平．从中西思想对比看中国文化的当代价值[J]. 外语教学与研究，2018，50（1）：114-125，161.

（二）中华优秀传统文化在社会主义发展进程中的实践意义

马克思主义与中华优秀传统文化相结合是中国共产党文化建设的有机构成部分，影响着我国社会主义事业的文化基础。中国共产党人从不同角度强调继承和弘扬中华优秀传统文化的重要性，都蕴含着把马克思主义基本原理与中华优秀传统文化相结合的意旨。中国特色社会主义伟大成就的接续取得，不仅为马克思主义和中华优秀传统文化朝着范围更广阔、程度更深刻、形式更高级的目标相结合提供了现实基础、现实指引，也深刻体现了马克思主义与中华优秀传统文化相结合在社会主义发展进程中的实践价值。

坚持和发展马克思主义，必须同中华优秀传统文化相结合。马克思主义虽与中华优秀传统文化属于不同的思想体系，但也存在由内而外的契合性，能够与中华优秀传统文化实现结合。当前，学界既有研究虽对该问题有过涉及，但也存在研究广度、深度不够的问题。鉴于此，在立足实际的基础上，简要分析马克思主义与中华优秀传统文化相结合的内在逻辑及其所体现的价值意蕴，以期为学界相关研究提供一些有益的启发。[1]

第三节　马克思主义中国化理论对中华优秀传统文化的作用

一、马克思主义与中华优秀传统文化的兼容性

马克思主义和中华优秀传统文化具有高度契合的机理，二者政治观念与治理思想相融、实践精神与知行观念相符、开放特性与包容气度相同、

[1] 陈方刘．关于马克思主义与中国传统文化相结合的原因研究综述[J]．理论视野，2007（12）：57-59

理想信念与社会追求相通。❶

第一，马克思主义和中华优秀传统文化在追求社会公平正义方面具有一致性。马克思主义强调通过生产关系的变革，实现无产阶级解放和全人类的自由与平等；中国传统文化中“天下为公”的理念，同样倡导社会和谐和共同富裕。例如，儒家的“大同”思想，主张人人平等、和谐共处，与马克思主义追求的共产主义理想具有相似的目标。这种一致性为两者的融合提供了理论基础，使得人们可以在实践中通过马克思主义的指导，弘扬和发展中国传统文化中的积极因素，推动社会的进步与和谐。

第二，两者在强调集体主义和个人与社会的关系方面具有互补性。马克思主义注重集体利益，强调个人自由和全面发展要建立在集体解放和社会进步的基础上；中国传统文化中的“家国情怀”和“仁爱”精神，提倡个人应融入家庭、社会和国家之中，注重整体利益和责任担当。例如，儒家的“修身齐家治国平天下”思想，强调个人修养与社会责任的统一，与马克思主义中的集体主义精神相契合。这种互补性使得两者可以在当代中国社会的发展中，相互借鉴和融合，形成既重视个人发展，又强调集体利益的价值体系。

第三，马克思主义和中华优秀传统文化在强调实践与道德修养方面具有兼容性。马克思主义强调实践是检验真理的唯一标准，强调理论联系实际，通过实践改造世界；中国传统文化中的“知行合一”理念，强调道德修养与实际行动的统一，主张通过修身实践来达到道德理想。例如，儒家的“格物致知”思想，强调通过不断的实践和反思，达到对事物本质的认识，与马克思主义的实践观有着深刻的契合。这种兼容性使得人们在弘扬马克思主义的同时，可以借鉴和发扬中国传统文化中的道德修养观，促进个人和社会的全面发展。

第四，两者在倡导辩证思维和历史唯物主义方面具有一致性。马克思

❶ 吴成国，梁宏达.马克思主义和中华优秀传统文化的契合机理、价值及其结合进路[J].学校党建与思想教育，2024（13）：33.

主义的辩证唯物主义和历史唯物主义，强调事物的普遍联系和变化发展，主张从历史的、发展的角度看待社会现象；中国传统文化中的“阴阳”思想，强调对立统一和变化发展，具有朴素的辩证思维。例如，道家的“道法自然”理念，主张顺应自然、与时俱进，与马克思主义的历史唯物主义观念有异曲同工之妙。这种一致性为人们在处理当代社会问题时，提供了丰富的思想资源和方法论指导。[1]

二、马克思主义对中华优秀传统文化的改造与提升

第一，马克思主义对中华优秀传统文化的改造和提升，体现在对传统文化中积极因素的继承与弘扬。马克思主义强调历史唯物主义，认为社会发展是一个不断变化和进步的过程，在这个过程中，传统文化中的积极因素应当被继承和发扬。例如，儒家文化中的“仁爱”“忠孝”“诚信”等价值观，具有深厚的人文精神和社会伦理意义，对当代社会的道德建设和人际关系的和谐发展有着重要的指导作用。通过马克思主义的视角，这些传统价值观被重新审视和评价，成为社会主义核心价值体系的重要组成部分，为构建和谐社会提供了道德基础和精神支持。

第二，马克思主义对中华优秀传统文化的改造和提升，体现在对传统文化中落后因素的批判和扬弃。中国传统文化虽然博大精深，但也不可避免地存在一些与现代社会发展不相适应的落后因素。马克思主义通过批判和扬弃这些落后因素，推动传统文化的现代化转型，使其更好地适应社会主义现代化建设的需要。这种批判和扬弃，不是全盘否定传统文化，而是通过科学分析和辩证思考，保留其合理内核，剔除其糟粕部分，从而实现传统文化的创造性转化和创新性发展。

第三，马克思主义对中华优秀传统文化的改造和提升，体现在对传统文化中精华部分的创新性发展。中华优秀传统文化中蕴含着丰富的哲学思

[1] 陈方刘．关于马克思主义与中国传统文化相结合的原因研究综述[J]. 理论视野，2007（12）：57-59.

想、伦理道德和治国理政智慧，这些内容在现代社会仍具有重要的参考价值。马克思主义通过科学的方法和理论，对这些传统文化精华进行创新性发展，使其在新的历史条件下焕发出新的生命力。例如，儒家的“民本思想”，强调以民为本、关心民生，与马克思主义的人民主体思想相契合。在马克思主义的指导下，民本思想被赋予新的时代内涵，成为中国特色社会主义的基本原则之一。此外，道家的“道法自然”理念，主张顺应自然、保护生态，与马克思主义的生态文明思想相一致。在现代生态文明建设中，这些传统思想得到了新的诠释和应用，为实现可持续发展提供了重要的思想资源。[1]

第四，马克思主义对中华优秀传统文化的改造和提升，体现在对传统文化形式的现代化表达。中国传统文化中的许多形式，如书法、绘画、戏曲、诗词等，具有独特的艺术魅力和文化价值。在现代社会，这些传统文化形式需要与时俱进，找到与现代生活相结合的方式。马克思主义通过对传统文化形式的现代化改造，使其能够更好地适应现代社会的需求，保持文化的延续性和创新性。

第四节　中华优秀传统文化创造性转化与创新性发展的主体自觉

一、中华优秀传统文化“两创”的主体自觉的实现方法

（一）行为自觉

1. 构建人类文明新形态

在建设现代化的征途中，我们不仅创造了中国式发展道路，而且“创

[1] 陈方刘 . 关于马克思主义与中国传统文化相结合的原因研究综述 [J]. 理论视野，2007（12）：57-59.

造了人类文明新形态”。应从理性的高度来判断中国社会的历史方位，探索通向未来的发展道路，即走中国式现代化道路，创造人类文明新形态，这是中国人反观历史，深刻思索自身生存境遇之后寻找到的通向未来的道路。

人类文明新形态是中国共产党领导中国人民传承发展中华优秀传统文化和吸收借鉴人类文明成果的崭新创造，内生于中国式现代化实践探索的历史进程之中，突出了人民群众实践伟力的主体性激发，彰显了五大文明协调发展的主体性创造，体现了全人类共同价值的主体性引领，实现了人类文明范式的主体性转换。[1] 人类文明新形态的形成有其历史逻辑。人类文明经历了前资本主义文明、资本主义文明到共产主义文明的逐步演进，不断从低级阶段向高级阶段发展。从生产方式的角度来看，人类文明历经了农业文明、工业文明到信息文明的转变。而从人的存在状态来看，作为社会主体的人，则经历了从人的依赖关系、物的依赖关系，到未来人的自由全面发展的过程。人类文明新形态的出现绝非偶然，而是人类文明史发展的必然结果。这一崭新的文明形态是对传统社会中消极方面的克服，不断汇集现代社会的基本要素，不断推动社会的现代化转化。拥有五千年历史的传统文化对人类文明发展作出了重要贡献，作为中国人的精神家园，润物细无声地影响着每一个中国人，为中国式现代化道路注入“精神基因”。推动“两创”的开展，既延续了传统文化的精神内核，又开启了一种新文明类型的可能性。不仅如此，这一崭新文明形态的形成离不开对异质文明的辩证扬弃。

人类文明新形态的形成有其现实逻辑。一个国家的崛起，必然伴随着它的文化的崛起。作为四大文明古国之一的中国，拥有五千年光辉灿烂的文化，为世界文明作出了重要贡献。中华民族是一个伟大而勤劳的民族，近代的中国只是暂时落后于世界，人们从来没有停止过斗争，中华人民共和国的成立是人们反抗内外压迫所取得的一大胜利。在社会主

[1] 韩升．全面理解人类文明新形态的主体性维度 [J]. 东岳论丛，2024，45（7）：77.

义改造和建设时期，中国人民始终勤劳勇敢，持续创造中华文明新篇章。经济繁荣必然推动文化发展，这是历史规律，更是民族复兴的必然。当物质文明与精神文明交相辉映，中国必将以高度文明姿态屹立世界，为人类贡献东方智慧。对社会主义道路的探索，为人类文明新形态的形成奠定了制度与经济基础。随着新时代的到来，中国在现代化道路的探索中，始终坚持文化的创造性转化与创新性发展，实现了人类文明新的飞跃，再一次为人类文明发展作出巨大贡献。[1]中国式现代化道路的成功为其他国家提供了有益启示。一路走来，中国共产党自始至终以发展中国特色社会主义为己任，探索符合中国基本情况的现代化之路，开创了人类文明新形态。

人类文明新形态既凸显了人类文明发展的新维度，又体现了人类文明所追求的创新价值。既不忘本来，又面向未来，还不忘吸收外来。作为一种崭新的文明形态，既有中华文明的底色，又包含马克思主义中国化最新智慧结晶；既是古老文明的涅槃重生，又是对西方文明的超越；既不是对已有文化母版的延续，也不是其他文明的再版、翻版。人类文明新形态本质上是一种社会主义文明，是对“两局交汇”下中国向何处去，世界向何处去的时代之问的回答。西方的现代化进程在带动经济发展的同时，也暴露出种种弊端。市场逻辑和工业逻辑的统治将人类抛入存在危机。中国传统文化在反思批判西方现代化的同时也显现出克服现代化弊病的可能性。[2]

2. 反思批判传统文化中僵化的部分

随着历史的前进，人们的认识条件与水平、时代条件与社会制度悄然发生改变，或多或少制约着传统文化的发展。历史经验告诉我们，主体自觉仍需对传统文化自身进行反思和批判。主体在情感养成与价值认同的基

---

[1] 李大钊．李大钊全集：第 2 卷 [M]．北京：人民出版社，2006：215.

[2] 汤因比，池田大作．展望 21 世纪——汤因比与池田大作对话录 [M]．北京：国际文化出版公司，1999：284.

础上进入行为自觉阶段，即要落实为文化批判实践，反思和批判传统文化中僵化和形而上学的部分。

第一，人性论层面过高强调道德陈义，无法践行，易为道德所劫持，生发虚伪。圣人作为儒家理想人格的化身，不仅具备超凡的智慧，而且出类拔萃，是人伦之至。至于君子，虽然是距离普通人最近的人格，但是君子的要求也是绝大多数人望尘莫及的。[1]达到圣人君子的理想人格就是实现所谓的“内圣”，一方面进入绝对的道德自由境界，“从心所欲不逾矩”；另一方面致力于终身学习，以致“不知老之将至”。关于通达“内圣”的办法，儒家提出一系列“功夫论”。孟子主张修炼身心，通过“养心”“寡欲”以养“浩然之气”。儒家对理想人格的向往造就了众多辉煌的人格范例，如孔子、孟子、荀子等，向人们展示了人性中美好的一面，他们对德性的自觉表征着人类可达到的德性高度。这种理想人格的定义也有其缺陷，它对道德的标准陈义太高，以致有时不近人情。[2]

第二，方法论层面过分重视归纳而轻视演绎。传统哲学虽然没有关于归纳与演绎等方法论的论述，但是哲学家们的思想突出地体现了归纳法，很少涉及演绎法，呈现重归纳轻演绎的特点。“引而申之”“触类而长之”，无不体现了归纳的方法。掌握了某一事物的知识，加以延展，就获得了同类事物的知识，通过以前的事情，举一反三，可以知道未来，由特殊的事例就可以推导出一般性的原理。道术难精在于三重桎梏：学不广、思不勤、用不活。贤愚之分，恰在能否触类旁通——此能如钥匙开锁，初启一隙继而洞开万理之门，实乃智者破障精进之枢机。治学当以术法相济，既需广博积淀如海纳百川终成浩渺，更重归纳演绎若鸟之双翼齐振：由事例提炼规律如抽丝剥茧，以规律反观万象若以镜鉴形，终达“问一类而万事明”之化境。古哲虽轻演绎之术，然其思辨中自有逻辑脉络如地泉暗涌。

---

❶ 杨伯峻．孟子译注 [M]. 北京：中华书局，2019：68.

❷ 孙利天，张岩磊．哲学的人性自觉及其意义——中西马哲学会通的一个内在性平面 [J]. 长白学刊，2011（1）：5-10.

精进之道，正须破除学科壁垒如拆千重藩篱，在归纳与演绎的循环中如匠人雕玉，终成贯通天地之学。[1]认识了普遍规律便认识了事物的根本。纲与宗乃贯通万理之常道，殊与目为纷纭万象之个例。抓住了宗，立言便能头头是道，众说皆通，抓住了纲，治事就能纲举目张，卓有成效。依循普遍原理，便能达至万殊。虽然演绎法在传统哲学中有所体现，但并不是主要方法。

第三，伦理层面重视“孝”却错位地预设了“顺”的合理性。孝顺父母有三个层次：大孝尊亲，其次弗辱，其下能养。[2]在中国人的潜意识中，孝与顺紧紧相连，所谓的孝顺就是顺从父母，不能有半点忤逆。然而，这却错位地预设了“顺”的合理性。

“父母在，不远游”[3]，“三年无改于父之道，可谓孝矣”[4]。孔子不主张远游，是怕父母担忧，无法侍奉父母，“不远游”“无改于父道”束缚了孩子的志向，阻碍了孩子的发展。孟子说“不孝有三，无后为大”，不遵从父母延续子嗣就是不孝。“不顺乎亲，不可以为子”[5]，在孟子看来，不顺从父母意愿的，不配为人子。建立在“天下无不是的父母”基础上的“顺”可谓是一种愚孝，在今天看来，这属于传统文化中僵化的部分，仍需要摒弃。有原则、有理性的服从可谓“顺”之真正涵义。历史上广为流传的“二十四孝”本意在于淳化风俗，弘扬尊老爱幼的美德，这一点仍值得发扬。“二十四孝”的行孝方式虽多种多样，但都履行了为人子的义务，无论是“尊亲”还是“能养”皆为天下子女的榜样。随着时代变迁，行孝方式和内容与现代伦理格格不入，违背了人格对等的基本礼仪，是人们应该抛弃的糟粕。只有反思批判孝道的限度与边界，才能更好地弘扬孝道。

总而言之，对传统文化中过时的内容进行批判，并非要摒弃传统文化

---

❶ 王夫之．船山全书 11 册 [M]. 长沙：岳麓书社，1996：220.

❷ 崔高维．礼记 [M]. 沈阳：辽宁教育出版社，2000：161.

❸ 杨伯峻．论语译注 [M]. 北京：中华书局，2006：43.

❹ 杨伯峻．论语译注 [M]. 北京：中华书局，2006：44.

❺ 李郁，孟轲．孟子 [M]. 西安：三秦出版社，2018：72.

的内容，而是要对其分析、厘清，反思和批判传统文化中僵化和形而上学的部分，对仍具时代价值的内容予以发扬。

3. 以传统文化的优势克服资本逻辑

面对市场原则对“生活世界的殖民化”，我们要自觉地运用我国的文化优势，如传统文化中的天人观、生态观等展开对资本逻辑的批判。我们要充分挖掘和发扬我国自己的文化优势，对现代性的弊端予以消解和扬弃，在此基础上整合我国自己的观念体系。

资本逻辑的扩张割断了人与自然之间的联系，资本在增殖的过程中加剧了生态系统的熵增，造成了现代的生态危机。所谓熵定律即是说，在一个封闭系统里，所有能量从有序状态向无序状态转化。[1]资本在增殖自身的过程中不断扩张，从而造成生态空间被侵占。随着可侵占的空间越来越小，使得资本可扩张的空间逐渐被压缩，生态系统处于熵增状态，陷入混乱。生态系统的熵增意味着无效能量的增加，即污染的增加。自然资源不断被吸收到资本体系内部，被迫成为剩余价值的载体，最终以劳动产品的形式流入市场。资本的扩张就意味着自然资源被货币化，同时，在消耗自然资源的过程中，大量废气、废水被排到自然环境中，毒化生态系统。可见，经济并不是孤立于外部环境的独立系统。

随着经济系统的增长，自然资源成为稀缺的限制性因素，反过来影响着经济的发展。资本的逻辑将经济与支撑它的自然环境分离开来，经济注定无法独存。与资本逻辑支配下的生态观不同，儒家天人合一思想认为，自然并不是外在于人的客体，“人在天地间，与万物同流”[2]，“天人无间断”表现了古人对自然界生命的崇敬与赞美，是对人与自然合而为一的生命体悟。人类应该认识到人与自然万物是息息相关的命运共同体，“民胞物与”的理念应该成为人人遵守的道德准则。天地之心是宇宙万物的本源，只有

---

❶ 杰里米·里夫金，特德·霍华德．熵——一种新的世界观 [M]. 上海：上海译文出版社，1987：39.

❷ 程颢，程颐．二程集：上册 [M]. 北京：中华书局，2004：30.

修养高的人才能顺应万物的本性，各尽其责。人要生存就要让万物俱存，人要认识自己就要认识万物，人要爱自己就要爱万物。[1]

物化已不满足于一种表面的社会现象，逐渐渗透到人的精神世界，形成物化意识。这种虚假的意识最终将吞噬科学理性，成为阻碍社会发展的桎梏。物化的产生基于商品关系，商品拜物教是资本主义社会物化的一种表现。与此同时，商品拜物教也是现代性生成的历史背景与世俗基础，是现代即资本主义时代特有的问题。根源于商品拜物教的现代性面临着主体性缺失、价值空缺等问题。人的价值立足于商品的价值，人与人之间真诚的社会关系被赤裸裸的商品交易所取代，过分逐利造成了物欲的膨胀，造成了精神世界的空虚。这种经济生活的贪欲进而延伸到自然界，造成了生态危机的产生。人是追求无限的有限存在者，对无限的追求就是对意义的追求，而对意义的追求是人区别于自然界其他生物的重要特点。[2] 人并不可能做到无欲无求，中国传统文化并不是要求人们放弃一切，而是要放弃不重要的东西，追寻那至高无上的“道”。

（二）情感养成

1. 加强对主体的文化素养培养

“中国人”作为“两创”的主体，必然要具备一定的文化素养和认知能力。这是“两创”对主体的要求，也是“两创”工作顺利开展的基础。主体的文化素养在一定程度上决定着“两创”的实现程度与质量。一个民族或国家想要在激烈的国际竞争中站稳脚跟，是要以学术为基础的。因此，加强主体的文化素养培养不仅是“两创”的题中之义，也是提高国家核心竞争力的基础。

一个民族的文化传统及发展水平对国民素质的提升与对其他民族的影响力被称为“文化力”，它对综合国力至关重要。一个国家能走多远，

---

❶ 卢卡奇．历史与阶级意识 [M]. 北京：商务出版社，1999：44.

❷ 卢风．从现代文明到生态文明 [M]. 北京：中央编译出版社，2009：147.

取决于国民的素质与能力，而国民的素质与能力来源于文化的培养与浸润。

综合国力的提升日益重要，深深熔铸在民族的生命力、创造力和凝聚力之中。作为一种文化存在物，人似乎有着缺口，而这缺口的填补不仅需要个体的文化素养，更需要经过历史积淀的文化传统。个人应努力提升自身的科学文化素养，在此基础上实现文化的传承与创新。[1]

主体加强文化素养培养包括以下方面。

第一，学习马克思主义。马克思主义具有超越时空的永恒魅力，它的问世改变了包括中国在内的许多国家的命运。人们要从中汲取智慧，把蓝图变为美好现实。

第二，主体要学习历史知识。历史如同一个饱经风霜的智者，将他的经历向人们娓娓道来，提醒人们把握现在，继往开来。历史是民族最宝贵的精神财富，承载着一个民族最厚重的记忆。学习历史就要学习党史、新中国史、改革开放史和社会主义发展史，重温先辈们走过的旅程，总结经验教训，增强历史主动性。

第三，主体要学习传统文化知识。人们要坚定“四个自信”，其中最根本的是要坚持建立在五千多年文明传承基础上的文化自信。传统文化是民族的精神宝库，涵盖着“修身、齐家、治国、平天下”等多方面内容，蕴含着丰富的人生哲理与处世哲学。因此，主体必须从传统文化中汲取智慧与力量，提升自身素养，为中国智慧、中国价值贡献力量。

第四，主体要学习科学文化知识与专业技能。以真才实学服务人民，以创新创造贡献国家。

家庭、学校与社会要互相配合，营造良好的环境，需要做到以下方面。

第一，家庭作为人生的第一所学校，应该成为文化素养培育的第一课

[1] 肖光恩．文化自信与文化素养相互关联的实证分析 [J]. 文化软实力研究，2022，7（4）：15-44.

堂。良好的家风对于家庭成员的文化素养培育具有重要作用。父母要注重自己的文化素养养成，在潜移默化中影响孩子，激发其学习兴趣。

第二，学校要发挥人文教育作用。在课程设置上，应注意系统性、连续性，拓宽学生的人文视野，在长期的耳濡目染中提高学生的文化素养。

第三，社会要加强文化基础设施建设，争取让每一个社会成员都能接受文化知识的熏陶。

2. 增强主体的民族文化认同感

每个民族的文化，都应该得到尊重。而承认和尊重是认同的前提。民族文化认同是指民族成员对本民族主体文化的归属意识，其核心是对一个民族的基本价值的认同。[1] 一个民族，如果丧失了对自身文化的认同，那么，这个民族的自我意识就会逐渐丧失。因此，主体应着力推动“两创”，在此基础上提升对自己文化的认同感。

日常生活中，通常将来自同一个地方的人称为“老乡”，见面后，双方会下意识地选择自己的母语（方言）交流。这一现象的背后是民族文化认同感的自然流露。随着人们生活方式的趋同，所处的外部环境更加相似，人们越要坚守传统。在一定意义上文化认同感有助于保持民族文化特性。民族文化认同是一种情感归属，主体不仅在心理上接受、认可本民族的文化，而且外化于行。作为一种集体意识，文化认同具有增强民族凝聚力的重要作用。它不是现成的，而是一个不断建构的结果。文化孕育了人们，对文化的研究就是对自我的探索。

文化认同是一个漫长的、动态的过程。在人类社会早期，人们是以血缘关系为纽带联结起来的。此时人们依附于自然，尚未对文化现象达成共识，但是人类在求生的过程中对一些自然现象和生存经验达成了共识，这是文化认同的开始。共同的祖先崇拜、民族图腾的出现，表明人类文化已

[1] 申海燕. 在思品教学中培养学生民族文化认同感 [J]. 中学教学参考，2012（36）：40.

形成相对稳定的体系，不同的文化模式对应着不同的认同体系。现在，随着文化的交流与传播，各民族文化几经融合，但仍会受到固有文化认同的影响。随着交往的日益扩大，异质文化的冲击愈发明显，不仅关系到文化的认同，更关乎文化的存亡，乃至民族存亡的问题。这也正是人们要增强民族文化认同感，提高民族自我意识的关键所在。在将来，人类文化认同将进入大同时期，这表现为对人类共同利益、发展需求等方面的认同。当然，这并不意味着人类文化趋于同一。

在当今世界，增强民族文化认同感就要增强对中国特色社会主义文化的认同感。其不仅源于历史悠久的传统文化，而且熔铸于革命文化和先进文化，更植根于中国特色社会主义伟大实践，可以从以下方面着手。

第一，认同源远流长的优秀传统文化，这是民族情感认同的集中体现，凝聚着人们普遍认同的价值取向，是人们在民族角逐中站稳脚跟的根基。

第二，认同党领导人民在争取自由与解放的斗争中以及现代化建设的实践中产生的革命文化。革命文化是马克思主义与中国具体实际相结合的产物，内蕴着坚韧不拔、顽强不屈的斗争精神，是党在逆境中勇往直前的强大精神支柱。

第三，认同在社会主义建设和改革开放的实践中产生的社会主义先进文化。以先进文化育新人，为社会主义现代化建设服务。坚持文化的创造性转化与创新性发展，将承载着“中国价值”“中国精神”“中国情感”的大写的“中国人”推向世界。

随着时代的发展，每一个国家和民族的文化认同毫无例外都是多重的，每个民族都会面临文化上的“认同”与“适应”问题。在处理本土文化与外来文化的认同问题上，人们应坚持对话、沟通与合作。这并不意味着放弃本民族文化立场。恰恰相反，改变对外来文化的认同是为了更好地稳固对核心文化的认同。在现代社会，人们在提倡民族文化认同的同时，不能忘记人类认同，不能丢失物我天人合一的胸怀，这是中华文化世界性的展现。中华民族作为唯一没有陨落的四大文明古国，相较于其他民族，民族文化认同感更深厚。我们应进一步提升自己的文化软实力，增强对核心文化的认同。

3. 提高主体的文化忧患意识

文化发展日新月异，各种思想文化相互激荡。一个民族想要获得长远的发展，就不得不保有文化忧患意识。主体对于自身文化不能盲目乐观、过于自信，应在自信的基础上居安思危，这样才能实现长久发展。

1840 年，西方的船舰利炮打开了中国的大门，一些有志之士在封建帝国的土崩瓦解中萌生了浓重的文化忧患意识，忧患意识表征着责任感，意味着精神上开始有了人的自觉的表现。换言之，责任意识是忧患意识的前提，而忧患意识又激发了责任感。知识分子应该将忧患意识转化为一种文化潜意识，树立责任感，提高创造力，推动中华文化的传播与弘扬。徐复观的忧患思想来源于《易经》。《易经》充满作者的忧患之思。孔孟思想被赋予忧患意识时代性意义，使之理论化。“人生识字忧患始”，如孔子的《春秋》、屈原的《离骚》等。在司马迁看来，此皆圣贤发愤之所作，流露出浓郁的忧患意识，因而有《六经》皆忧患之书的说法。早期的忧患意识主要针对的是个人的前途命运，如统治者担忧自己的君位政权，平民担忧自己的前程，孔子之忧也大抵如此。

春秋战国时期，礼乐崩坏，诸侯争霸，忧患意识也不再限于个人，文人志士心系天下。“德之不修……是吾忧也”，孔子担心社会的道德风气。“凤鸟不至，河不出图，吾已矣夫”，孔子借此比喻表达对天下无清明之望的担忧。孟子指出君子应有“终身之忧”，时刻反省自身，杜绝“一朝之患”，不仅如此，还要“忧民之忧”，心系百姓。

此时，孔子等人所忧虑的并非个人私利，而是萌发出一种“士不可以不弘毅，任重而道远”的强烈责任感和历史使命感。作为文化创新和发展的主体，每个中国人都应对民族文化怀有一种忧患意识，尤其在文化多元主义的今天更是如此。我们应当学习儒家由忧患意识所激发的济世精神，肩负起复兴民族文化的重任，“为往圣继绝学，为万世开太平”。相较于儒家的救世情怀，道家在面对忧患时追求的是解脱之道，但道家对人间疾苦的揭露却比儒家更为深刻。正如陈鼓应所言，庄子所展现的忧患意识，对沉痛的隐忍程度，以及对天灾人祸的敏感程度，可以说超越了先秦诸子的其他各家。[1]庄子认为，“人之生也，与忧俱生。”不过，在如何对待忧患上，庄子走上了“无用方为大用”之路，保持“平易恬淡”，则能远离忧患，老子则更多地强调“无为而治”“不争”。

中华民族五千多年的文明史，大抵可以看作一部忧患史，字里行间流露着忧国、忧民、忧天下的拳拳之心。忧患意识对于知识分子来说不仅是一种责任感与使命感，更是一种自强不息的强大精神力量。在大敌当前之时，忧患意识会化作一种以身报国的斗争精神。现在，国家安全已不单是领土安全，而是包括政治、经济和文化在内的安全。在国家之间的文化交流中，出现了一定程度的不平等与文化霸权主义，忧患意识可以引发我们的深思与警醒，激发责任意识。忧患意识不以人的身份地位为转移，作为“两创”主体的每一个中国人都应该树立文化忧患意识，忧患意识并不是杞人忧天的情感宣泄，它的本意在于激发自强不息、励精图治的民族精神。在河清海晏之时，唤醒人们的安不忘危、未雨绸缪，在决疣溃痈、天下无道之时，唤起人们救亡图存、拨乱反正的责任意识。总而言之，每一个人都应具备文化忧患意识，为中国特色社会主义文化保驾护航。

（三）价值认同

价值认同既要明确我们应该认同哪种价值观，又要对错误的价值观予以警惕。例如，拒斥差异性与个性的同一性逻辑，在意识形态领域追求绝对的、统一的思想范式，鼓吹所谓的“普世价值”，人们应当予以警惕。事实上，人们仍需基于当今世界“文化多元主义”的事实，在各种异质的文化样态中吸取我们所需要的思想营养。但是，文化多元主义并不意味着

[1] 韩泽．中华优秀传统文化创造性转化与创新性发展主体自觉研究 [D]. 长春：东北师范大学，2023：36.

价值的多元主义，人们应坚持社会主义核心价值观，自觉主动地把培育践行社会主义核心价值观当作自己的使命。

1. 警惕同一性逻辑

同一性逻辑排斥差异性与个性，试图用一种统一范式来涵盖所有事物。我们应当自觉反思并警惕这种同一性逻辑已经对我们产生的影响，特别是要警惕那些内含同一性逻辑、拒绝差异的所谓“普世价值”。[1]

现代性使人们陷入一种进步怪圈。一方面，它带来了进步与发展；另一方面，它企图用同一性逻辑消弭现代社会的分裂危机，不知不觉中使人类陷入一种生存恐怖。现代性“始于对一致性的要求”，现代思想拒斥差异，将普遍性与统一性强加于世界，以有序取代无序，企图一劳永逸地揭开同一性的面纱。对同一性的推崇必然导致对非同一性的批判，二者之间的冲突也无可厚非。

从意识形态领域来看，同一性追求绝对的、统一的思想范式，力图将异质的价值观与思想观念合二为一，维护绝对同一性的至高地位。非同一性则主张多元主义，企图消解同一性逻辑对人的思想的控制。这种冲突在文化领域表现为文化霸权主义者所宣扬的内蕴着同一性逻辑、拒斥差异的“普世价值”。现代性的宏大叙事理论根源在于黑格尔的精神辩证法，同时现代性的进展也加剧了精神辩证法对“他者”的漠视。辩证法的本意为“对话”。在形而上学的扭曲下，辩证法成了一种独断的、充满暴力色彩的话语体系，对“他者”维度的漠视源于辩证法中潜藏的形而上学色彩。

回顾哲学史，辩证法作为一种追求真理的方法，是建立在理性讨论的基础之上的，因此它离不开“他者”的存在。对理性的追求形成了一种信念：只有聆听理性的声音，并坚决抵制来自理性的“他者”的诱惑，才能达到绝对自由。基于这种思想，苏格拉底所谓的“助产术”，实质上是通过与“他者”的问答交流，揭示对方言语中的矛盾与不足，引导“他者”走向自己的思想体系，并说服其接受自己的观点。这样，“对话”就

---

[1] 傅永军．现代性、同一性逻辑与反犹主义 [J]. 求是学刊，2003（3）：22-24.

变成了一种说服他人接纳自己观点的策略，变成了一种自我表述的方式。而黑格尔的精神辩证法，则是这种排斥“他者”的同一性逻辑的主要体现之地。

黑格尔的辩证法也批判知性的形而上学，反对抽象的同一，主张差异性与特殊性。但是，离开了“他者”，绝对精神就会走向僵化，失去运动的动力。黑格尔并未真正地摆脱形而上学，而是创造了一种新的形而上学体系。把否定之否定等同于肯定性是同一化的精髓，反辩证法原则在黑格尔那里处于优势地位，也就是那种认为负负相乘得正的传统逻辑。对黑格尔来说，肯定“他者”只不过是“理性的狡计”，目的在于实现绝对精神的辩证运动。黑格尔将差异性与矛盾融入绝对精神的自我运动中，最终却消解了差异与矛盾，“他者”只不过是真理全体性的一个环节，最终是要被同化的。黑格尔反复强调，达到概念的概念，自己返回自己，自己满足自己，是哲学唯一的目的。[1]

总而言之，对“他者”的拥戴是策略性的，只不过是实现绝对的工具。承认“他者”就是为了消除“他者”，消除所有的非同一性，因此，阿多诺称黑格尔的辩证法为“贩卖同一的暴力”。以拒斥同一性为开端的辩证法，最终却以否定“他者”为终点，究其根本在于辩证法落入了形而上学的窠臼，迷恋“形而上学的西洋镜”。在“两创”的过程中，主体应警惕漠视差异的“同一性”原则，始终以平等对话的态度对待“两创”中遇到的问题，恢复“对话”原有的开放性与包容性。

2. 正确看待文化多元主义

文化多元主义作为一种文化事实，是对同一性逻辑的反对。在意识形态上主张不同民族、习俗之间的互相认同与包容，在政策上要求各民族文化相互尊重，促进文化群体的和谐共存。主体在“两创”的过程中，要基于文化多元主义的事实，从各种异质的文化样态中吸取我们所需要的思想

---

[1] 韩泽．中华优秀传统文化创造性转化与创新性发展主体自觉研究 [D]. 长春：东北师范大学，2023：37.

营养。但是文化多元主义并不意味着思想的多元主义，人们要立足于社会主义核心价值观，借鉴他国文明优长，避免陷于思想上的多元主义甚至是相对主义。

人们在坚持文化多元主义，承认每一种文化的权利和地位时，应思考如何处理普遍与特殊的关系。一方面，各民族文化一律平等，都应得到尊重与重视；另一方面，实现政治共同体的长治久安，就需要确立一套全社会认同的核心价值观与规范准则。民主国家需要有一个公分母，即需要一种“忠诚”的品质。这种忠诚可以超越种族，将有着不同文化背景的人团结为一个整体。这种普遍认同不等于每个民族文化的主流价值观，也不能够强加于每个民族，迫使他们接受这种共同认同，否则与黑格尔的同一性的暴力没有区别。

主张多样性并不意味着放弃对共同目标的追求，一味地崇拜差异性会导致社会混乱。将内涵不同价值观的文明无原则、无秩序地置于同一层面，并高呼“每一种文明都应该被承认和尊重”的口号，这不仅会导致文化的平庸化，还可能使世界走向毁灭。多元文化的并存，在冷战之前就已是不争的事实，而全球化的发展只是让属于不同文明的人们汇聚到了一起，多元文化也将伴随着全球化的发展而持续存在。不同文明之间存在冲突与摩擦是难免的，由文明差异引发的战争也并非不可能。因此，人们更应积极探索多元文化之间和平共处的可能性。只有坚持以相互理解为取向的“对话”，才能摆脱“独语论”，以期实现视域融合。只有对话的双方都互相承认对方文化的合理性，尊重彼此的文化差异，秉持虚心学习和耐心倾听的心态，才能实现有益的文化对话，在解决全球性危机方面努力达成共识。[1]

3. 坚持社会主义核心价值观

社会主义核心价值观代表着公民应该具备的品质，是社会的主旋律，国家的价值取向。核心价值观具有文化吸引力，表征着民族的精神追求，

[1] 韩泽．中华优秀传统文化创造性转化与创新性发展主体自觉研究 [D]. 长春：东北师范大学，2023：39.

体现着一个社会评判是非曲直的价值标准，需要全社会倡导和践行。

“富强、民主、文明、和谐”表征着国家层面的价值理想，这四者之间是互为前提、紧密联系的。其中“富强”表征的是一个国家的综合国力，一个国家只有实现了富裕强大，才能创设一个宽松、文明的社会环境，才能为公民的全面发展提供条件。❶

以富强为第一目标，既符合马克思主义唯物史观，又体现了中国梦的现实基础与共产党人的奋斗目标。民主是每个国家所期望实现的价值目标，也是每个国家不遗余力践行的政治实践。自古代以来，中国的治理智慧中蕴含着民本思想，但现代民主制度并非传统统治阶级主动建立，而是近代以来由广大人民群众历经艰险、披荆斩棘拼搏得来的。文明是人类发展的一种进步状态，对个人素养的提升具有重要作用。中国作为四大文明古国之一，历史悠久，仍需继承古代文明之精髓，面向未来，开创人类文明新形态。和谐自古以来就是我们追寻的价值理念，不仅个体之间、人与社会之间要实现彼此依靠、同舟共济，而且人与自然也要和谐相处。

“自由、平等、公正、法治”表征着社会层面的价值理想，为创新社会治理方式，建设现代化社会提供了价值遵循。自由是其他三者的基础，是人类社会永恒的价值追求。虽然自由意味着一定的选择权和决定权，但并不代表是一种放任。正如黑格尔所说，一直以来人们认为自由就是可以随心所欲、为所欲为，但是人们不知道的是“他的不自由恰好就在任性中”。平等是社会主义的本质要求，它不是形式主义的口号，而是致力于使公民在权利和利益、机会等方面实现实质的平等。公正即公平正义，是社会价值评判的标尺，是人心所愿，中国共产党素来重视公平正义，并为之不懈奋斗。法治是保障社会正常运转必不可少的方式，追根究底需要法治保驾护航。新时代发扬法治精神需要深入传统文化，发掘吸收其中优秀的法治思想，建构起有传统根基、有时代内涵、有世界意

---

❶ 王学俭，李东坡．社会主义核心价值观研究述要 [J]. 思想政治教育研究，2013，29（4）：18-24.

义的中国法治精神。[1]

“爱国、敬业、诚信、友善”表征着公民层面的价值理想，贯通社会、家庭、个人生活的方方面面。热爱自己的祖国可以说是一种与生俱来的能力，也是最基本的美德，它构成了民族精神最内核的部分。爱国是公民的基本义务和责任，具体体现在对祖国的热爱与忠诚，对法律与道德的遵守以及为祖国奉献的决心上。敬业是公民的基本职业道德操守，每个人都要对自己所从事的工作认真负责。诚信作为安身立命之本，是人们的第二个“身份证”，一方面要求人们待人真诚；另一方面要信守承诺。友善是日常人际交往中不可或缺的美好品德，相互之间彼此尊重、相互理解、相互关心，这样才能实现社会的融洽和谐。因此，在社会交往中，切忌一意孤行、自以为是、拘泥固执，而要尊重彼此的差异，倾听对方的心声。

社会主义核心价值观与传统文化之间的契合是实现文化自信与自觉的基础。在新时代，推动“两创”的发展，就是要将传统文化的精神内核予以提炼，通过社会主义核心价值观予以传承发展，赋予核心价值观传统文化底色。与之不同，西方国家假借“普世”的名义向别国输出意识形态。西方的“普世思想”，理所当然地认为所有的国家都应当并且必须认同、接受西方的价值取向，西方的制度、文化。因为在他们看来，至少是在统治者看来，他们的价值观念是人类文明的结晶，“因而是最高级、最先进、最自由、最理性，最符合时代要求的”[2]。西方的“普世价值”具有帝国主义性质，强调的是个人的权利与自由。而社会主义核心价值观是对传统文化中最精粹、最核心部分的提炼，体现着“中国精神”“中国价值”，它的出发点与落脚点都是全体人民的幸福和利益。总而言之，社会主义核心价值观是民族发展最持久、最深层的力量。作为“两创”的主体，应自觉自为地把培育和践行社会主义核心价值观当作自己的使命，发挥其固本强基的重要作用。

---

❶ 韩泽．中华优秀传统文化创造性转化与创新性发展主体自觉研究 [D]. 长春：东北师范大学，2023：40.

❷ 塞缪尔·亨廷顿. 文明的冲突与世界秩序的重建 [M]. 北京：新华出版社，1998：358.

二、中华优秀传统文化“两创”的主体自觉的实现价值

中国人基于主体自觉，对传统文化进行创造性转化与发展，将“中国价值”“中国精神”推向世界，从而成为大写的“中国人”形象。基于主体自觉的“两创”既可以增强文化自信，构筑中国精神，又可以深挖中华优秀传统文化中的社会凝聚力和文化整合力，助力当下的意识形态建设，同时为思想政治教育工作提供思想资源。因而，在“两创”的过程中，人们必须坚持把马克思主义基本原理同中国具体实际相结合，同中华优秀传统文化相结合。

（一）增强文化自我意识

对待传统文化，既不能食古不化，死守教条，又不能将其商品化，报以功利主义的态度。立足于社会发展与历史实际开展“两创”工作，有助于正确地对待传统文化，增强文化自我意识，提升文化自信。[1]

人与动物的区别在于人有自我意识，人类的发展过程就是自我确证和扩展的过程。一个人甚至是一个国家和民族，应该对自己有一个准确的认识，知道“自己是谁，是从哪里来的，要到哪里去”。文化是人所创造的，是人的自我的对象化，对文化的改造与发展实质上就是通过改造人自身的活动成果来提高人的自我意识。审视现实，中国的现代化困境在很大程度上源自文化因素。人们在文化中不仅迷失了自我，还产生了自我扭曲的现象。面对纷繁复杂的文化世界，人们感到迷茫且无所适从。文化是人类自我认知的产物，人们通过文化来审视自身。文化如同一面镜子，因此，我们要增强文化上的自我意识，提升文化自信。文化的精神实质在于文化主体的自我意识，当主体的自我意识得到提升时，便意味着文化的更新与进步，同时，文化的发展也体现为人的全面升华。因此，“两创”有助于我们提高文化的自我意识，既保存了本民族原有的文化特质，又赋予了传统

[1] 童辉杰．中国传统文化中的自我意识[J].心理科学，2000（4）：502-503.

文化新时代内涵，增强其影响力、感召力，开辟出传统文化“胜利和繁荣的时期”。“两创”的核心在于使中华民族增强了文化的自我意识。同理，只有人们获得了文化上的自我，“两创”的意义才得以彰显。文化精神史上的一个最引人入胜的问题，就是去追寻容受性和自主性。

文化虽然也可以通过语言符号等物质载体客观化，然而，文化更根本的特征在于其精神性的力量。因此，只有提高文化上的自我意识，才能更好地发挥文化作为精神动力的重要作用，进而转化为一种现实力量，增强文化主体的文化自信，推动国家发展，使中华民族得以长久地屹立于世界之林。文化自信是一个民族或者国家，要对本民族的文化充满信心，自觉传承优秀传统文化，在对外交流中吸收借鉴其他民族文化长处，以我为主，为我所用，实现文化的超越性发展。只有对本民族文化充满自信与自豪，才不至于使本民族特色湮没在历史长河中。

随着国家发展的起起伏伏，不少人在对待民族文化上陷入自卑和自大，这种对待文化的态度难免会影响到文化的发展进步。文化的“自卑自弃”就是对自身文化价值不自信，甚至走向全盘西化。与此相反，文化的“自大自傲”就是过分夸大本民族文化价值，脱离实际，容易滋生保守主义、民族主义倾向。无论是自以为是的自大，还是自卑自弃，都不是对待文化的正确态度。“两创”的过程既向人们展示了中华民族具有五千年历史积淀的文化底蕴，又带人们回望了中华文化历经的风霜、经历的挫折和走过的弯路，还带人们见证了中华民族从“文明蒙尘”到“人类文明新形态”的历史转变。

真正的文化自信是对本民族的文化历程实事求是、坦然以对，既为它的辉煌繁荣而自豪，又为它的黯然失色而奋发图强，自始至终坚守民族文化的价值。在传统文化的加持下，中华民族有着厚重的历史积淀，这是每个中国人都应该引以为豪的。文化是民族的根与魂，优秀传统文化赋予中华民族自强不息、百折不挠的生命力，即便是历经磨难也能涅槃重生。因此，人们要坚守文化自信，着眼于民族自强。

放眼国际，中国共产党、中华民族是最有理由自信的。不仅在于中国共产党是一个伟大而光荣的政党，而且在于他带领着人民群众披荆斩棘，开辟了一条具有中国特色的发展道路，创造了人类文明新形态。文化自信是最基本的自信，只有坚定对自身民族文化的自信心，才能充分挖掘传统文化中的基本价值，进而突破传统，迈向新的未来。对于本民族的文化，人们要有清醒的认知，保持高度的自觉，不断增强文化自信，理性地看待中华文化的发展历程，秉持“物之不齐，物之情也”的心态融入世界，助力中华民族的伟大复兴。

（二）找寻文化自我，构筑中国精神

通过对“两创”的主体自觉以及如何实现主体自觉的研究，有助于人们重新确立文化上的自我，增强对自身文化的认同，构筑中国精神。[1]优秀传统文化对民族发展具有重大作用，它可以塑造一个民族的性格和民族精神，其所蕴含的基本精神是激励子孙后代迎难而上、越挫越勇的动力之源。

如果在文化上失去自我，整个民族就会飘荡无根，只剩下求生的本能。我们要主动出击，找回我们民族的根与魂。因此，主体自觉意识到自己的历史使命，重新找回失去的文化自我，是治疗文化顽疾的有效办法。当今世界多元文化并存，在与他者的相遇中，文化自我便凸显出来，文化变迁俨然成为常态，我们要面对的是文化自我的减弱甚至是丢失。现代化造成了社会各方面的变化，这种变化是否使主体碎片化而再难以成为整体值得商榷，但确实对民族文化自我产生了影响。在文化多元主义的今天，不仅个体应该“向内观察”，一个民族更应该时时“向内观察”，保持民族的个性，以免“泯然众人矣”。

文化自我是人的真实自我，文化存在是人之为人的存在。动物和它的生命活动是直接同一的，它们没有自我意识，不具备自我。人则相反，人可以有意识地进行创造性活动，形成自己独特的生命价值。世界以统一联

---

[1] 邹绍清．论中国共产党构筑中国精神谱系的百年历程与基本经验[J]．西南大学学报（社会科学版），2021，47（1）：1-15，225.

系为本质，而存在的本质却在于差异性，差异性又源于独特个性，人是这样，民族亦同。中华民族若失去了具有几千年历史积淀的文化传统，中国人便失掉了之为中国人的本质规定，只剩下个体区界的我性，中华民族也将丧失存在的价值与意义。语言作为民族文化的凝聚体，表明人们还保有一定的民族自我。民族自我的建构不是一蹴而就的，需要一代又一代中国人的实践创造与文化积累。

一个人之所以是中国人，在于其有中国人的独特精神世界，有着共同的价值追求。中国精神这一文化基因，潜藏在日常实践中，潜藏在价值观念中。中国精神是中国人整体精神面貌的展现，是历史与现实发展的凝结，同时也蕴含着中国人未来所要实现的精神成果。文化自我与中国精神互相建构，民族自我的本质在于文化自我。在保有文化自我的基础上才能更好地构筑中国精神，同时中国精神的构筑也进一步巩固了文化自我。我们必须高扬中国精神，因为它是“凝心聚力的兴国之魂、强国之魂”，中国人的精神是一种精神状态，一种灵魂的性情，简言之，它是一种心态。我们应立足时代发展，站在国家发展全局，结合五千年的历史文化积淀，阐释中国精神。中国精神要依托于民族、国家，单个中国人无法构筑也无法体现中国精神。只有每一个中国人都自觉到自己的“天命”，凝聚成一股合力，才能把承载着“中国价值”“中国精神”的大写的“中国人”形象推向世界。❶

（三）为意识形态建设提供重要理论支撑

意识形态建设是一项极其重要的工作，既关乎民族的凝聚力，又关乎国家的长治久安，更关乎党的建设。当下的意识形态建设工作需要人们回到“根”和“魂”，从中华优秀传统文化中汲取理论支撑。基于主体自觉的“两创”，挖掘传统文化中有利于社会凝聚力和文化整合力的资源，有

---

❶ 韩泽．中华优秀传统文化创造性转化与创新性发展主体自觉研究 [D]. 长春：东北师范大学，2023：50-51.

助于当下的意识形态建设。

人的本质不是一成不变的，人是可以塑造的，意识形态建设可以帮助人沿着正确的道路完善自我。意识形态是一个抽象而敏感，但又经常被使用的词汇。20世纪末弗朗西斯·福山提出“历史终结论”后，学界围绕“意识形态终结”命题展开了持续理论争鸣，重点聚焦于该概念的科学内涵、历史边界及现实解释力等维度，相关理论阐释与价值评判至今仍在学术场域保持对话张力。马克思对意识形态的研究始终处于理论前沿。他将意识形态理论的研究置于唯物史观的视角下，对意识形态的阶级性与独立性进行了讨论，并分析了不同阶级意识形态的特点及相互对立。马克思的意识形态思想对整个意识形态理论体系起到了奠基作用。人们只有如马克思那般自觉地批判日用而不自知的意识形态，才能找回失落的自我，确立起真实的主体性。

意识形态建设对国家和政党来说极其重要，当下的“两创”工作，就是要挖掘传统文化中有利于社会凝聚与整合的因素，为意识形态建设提供可利用的资源。在历史的洗礼与时间的积淀中，文化成为人稳定的生存方式，其核心是人自觉不自觉地建构起来的人之形象。因此，不能仅将文化看作是一种观念与意识方法，文化如同血脉一般，融合于文明的各个层面，成为人的内在规定性的一部分，影响着人的生存活动。文化作为一种思想理论，悄无声息地影响着每一个人，发挥着意识形态建设的作用。鉴于文化的重要性，主体更应该自觉地推动“两创”工作的开展，用优秀文化助力主流意识形态建设。

保持文化上的自我与独立是中华民族凝聚力的基础。中华民族历经磨难仍薪火相传，归根究底在于具有深厚历史底蕴的文化作为支撑。人们要充分挖掘这份丰厚的历史遗产，增强民族的凝聚力与自信心。自古以来，中国人就注重民族团结，并且成功地实现了团结，无论是在政治上还是在文化上，成功地把几亿人民凝聚在一起。这是其他民族未曾做到的，这也正是当今世界所需要实现的。中国人民在民族文化、政治团结方面具有高度凝聚力。儒家具有无与伦比的统一性，中国在文化、政治和军事领域内的杰出表现都源于此。同时，中国还具有高度的内聚性，从数千年前一直延续至今。[1]

中国传统文化崇尚“和合”，注重家庭、社会与国家间的和谐，这是民族凝聚力的重要思想来源。孔子告诫弟子，孝悌是为人之本，将家庭和谐与社会和谐统一起来。只有每个家庭都凝心聚力，一派和谐，国家才有望实现高度的团结统一。一个具有高度凝聚力的民族，并不意味着社会成员的高度统一，相反，是建立在差异基础上的统一。正因为传统文化具有凝聚力与整合力，才能将五十六个不同的民族连接在一起，心往一处想，劲往一处使。“仁义礼智信”作为儒家为人处世的重要原则，对于今天加强各民族间的交流、了解具有重要作用。中国自古以来就有“四海定于一而民兴”的大一统思想，各族人民对和平统一、安居乐业的向往构成了大一统的内在动力。古代的大一统思想对现在维护国家统一、民族共同进步也有重要作用，激发了人们的集体意识与责任感。

意识形态建设不仅可以保持民族生存发展的生命力，而且是促进民族团结统一的内在动力。我们应持续推进“两创”的开展，充分挖掘传统文化中的积极成分，发挥文化的民族凝聚力与社会整合力作用，为当下的意识形态建设工作贡献一份力量。

（四）为思想政治教育工作提供资源

“两创”的主体立足于文化自信，自觉地将传统文化中的修身正己、情义担当、家国情怀、文化天下等理念纳入“中国人”的自我觉醒中，既拓展了思想政治教育工作的资源，又为其提供了理论支撑。增强思想政治教育工作的可行性与目的性，不仅要纠正政治性被文化性所掩盖之偏，也要防止文化性被政治性所掩盖的问题，切实增加思想政治教育的文化底色。

中华优秀传统文化浩如烟海，潜藏着丰厚的道德资源、为人处世的人

---

[1] 樊浩．中国社会价值共识的意识形态期待 [J]. 中国社会科学，2014（7）：4-25，204.

生哲理，而这正是实现“立德树人”所需要的文化教育资源，二者之间存在着不可分割的内在联系。虽然思想政治教育的概念于近代才提出，但是这种实践活动可以追溯至古代，只不过那时以文化渗透的方式发挥着育人功能。传统文化潜移默化地影响着每一个中国人，是国家发展不可或缺的内在动力。发掘传统文化中的政治、思想、德育资源，就是要将先进文明成果内化为促进人类发展的本质力量，丰富人的精神世界，更好地适应、改造人们生存的物质世界，全面发展人的各项才能。这一过程也是文化向内完善的向度的体现，即人按照真善美的标准完善自己，达到理想状态。

思想政治教育工作任重而道远，应通过融入传统文化因素，实现“化人”与“育人”的充分结合，培养堪当时代大任的社会主义新人。以牺牲民族文化为代价的现代化，得不偿失。因而，我们应围绕“举旗帜、聚民心、育新人、兴文化、展形象”，充分发掘传统文化中的思想政治教育资源，丰富思想政治教育的内容，使之充满浓郁的人文气息。传统文化中的修身正己、情义担当、家国情怀等理念蕴含着丰厚的教育资源。教育者应充分发掘其中的精华，结合实际加以取舍，增强教育的文化底色，更好地开展教育工作。

第一，古人一直重视自身人格的完善与道德的修养。上至统治阶级，下至普通百姓，都注重修身养性，此乃培养浩然之气的基本途径。修身在于修心、修知、修行，“慎独”和“自省”是进行自我修行的基本途径。《中庸》有云：“莫见乎隐，莫显乎微，故君子慎其独也”。细枝末节的事情也能体现一个人的品质，人们应时刻注意自己的一言一行。[1]曾子言“吾日三省吾身”，告诫人们要时常自我反省。无论是对于个人还是社会来说，道德无疑都具有基础性意义。为人处世的第一要义便是崇尚道德、修养身心。教育者要引导学生践行“慎独”与“自省”，培养良好的道德品行，形成正确的自我认识。

---

[1] 高兵.《大学》修齐治平与中庸思想[J].海南师范大学学报（社会科学版），2015，28（6）：84-87.

第二，传统文化中的重情重义、敢于担当思想，也是思想政治教育不可或缺的资源。以儒家为主的中国文化重视情感，以情感为根基。在古人看来，情感是人生的归顺与依附所在。传统文化中的情义观蕴含着丰富的人生哲理。由于市场经济过分逐利，造就了一种功利主义的价值取向，而传统义利观有助于受教育者树立正确的价值观。“乐以天下，忧以天下”“位卑未敢忘忧国”等思想，展现了古人勇于担当的品质。目前的思想政治教育工作要将这种担当精神发扬下去，强化学生责任意识，树立进取精神。

第三，“修身齐家治国平天下”，传统文化具有浓厚的家国情怀，人们应该将其转化为思想政治教育资源。“国之本在家”，如果说国是一个个体，那家便是构成个体的细胞，个人与国家休戚与共。国家要重视传统文化教育，特别是重视对青少年的国学教育。高校应将“修齐治平”融入教育过程，厚植大学生的家国情怀，帮助他们养成良好的品德。[1]

总而言之，我们要对自己民族的文化充满自信，将传统文化中的优秀理念纳入“中国人”的自我觉醒中，融入思想政治教育工作的实践中。这样，既传承了民族文化，又培养了学生的历史责任感与爱国主义精神。

---

[1] 高兵.《大学》修齐治平与中庸思想 [J]. 海南师范大学学报（社会科学版），2015，28（6）：84-87.

第三章　马克思主义与中华优秀传统文化融合的价值及共通之处

第一节　马克思主义与中华优秀传统文化融合的价值和逻辑

一、马克思主义与中华优秀传统文化相结合的价值

马克思主义基本原理同中华优秀传统文化相结合是我国现代化建设新征程中深入推进马克思主义中国化时代化的必然要求，是坚持马克思主义在意识形态领域指导地位的根本制度的有效落实方式，是中华优秀传统文化创造性转化和创新性发展的正确途径，是中国特色社会主义引领人类文明新形态的不竭动力。[1]

（一）开辟马克思主义发展新境界

1. 保持马克思主义的生命力

第一，马克思主义通过与现实社会发展的结合，不断实现自身的理论更新和实践创新。马克思主义理论的根本特征在于其历史唯物主义和辩证唯物主义方法论，这一方法论强调实践在认识和改造世界中的决定性作

[1] 周剑娜．马克思主义基本原理同中华优秀传统文化相结合的战略价值与实践理路 [J]. 大连干部学刊，2024，40（3）：20.

用。通过不断观察和分析现实社会的发展变化，马克思主义能够及时调整和丰富自身的理论内容，使其能够更加准确地解释和指导现实社会的实践活动。马克思主义的生命力在于其动态性和开放性，通过与现实社会的互动，不断汲取新的经验和教训，从而保持其理论的前瞻性和指导性。[1]

第二，马克思主义通过与科学技术的发展相结合，进一步拓展了其理论的广度和深度。科学技术的飞速发展为人类社会带来了深刻的变革，这一变革不仅改变了人类的生产方式和生活方式，也对社会结构和意识形态产生了重大影响。马克思主义通过对科学技术发展的关注和研究，不断更新其关于生产力、生产关系和社会发展的理论，从而使其能够更加全面地解释现代社会的复杂现象。科学技术的发展为马克思主义注入了新的活力，使其能够更加有效地应对和解决现代社会面临的各种问题。

第三，马克思主义通过与各国优秀文化的结合，进一步丰富和发展了其理论体系。各国的优秀文化不仅是人类文明的重要成果，也是不同民族和国家在长期历史进程中形成的独特智慧和经验。通过与这些文化的结合，马克思主义能够吸收和借鉴其中的优秀思想和实践经验，从而不断充实和完善自身的理论内容。特别是与中华优秀传统文化的结合，为马克思主义注入了新的思想资源和理论养分。中华优秀传统文化以其深厚的历史底蕴和博大精深的思想内涵，为马克思主义的理论发展提供了丰富的素材。通过对中华优秀传统文化的批判性继承和创造性转化，马克思主义能够更加深入地理解和解释中国社会的发展变化，从而增强其理论的适应性和生命力。

第四，马克思主义通过与国际交流和合作的结合，不断拓展其全球视野和影响力。全球化进程的加速使得各国之间的交流和合作日益紧密，马克思主义作为一种具有国际视野的思想理论体系，通过与世界各国进步思想和实践经验的交流与互动，不断扩大其理论的应用范围和影响力。[2]国

---

[1] 陈金龙．时代特征与马克思主义中国化 [J]. 马克思主义研究，2008（9）：97-104.

[2] 陈金明，何书．马克思主义中国化研究的全球视野 [J]. 江汉论坛，2011（3）：46-50.

际交流和合作不仅为马克思主义提供了丰富的实践经验和理论资源，也为其提供了展示和传播自身思想的广阔平台。通过积极参与国际事务和推动全球合作，马克思主义能够不断扩大其国际影响力，从而进一步增强其生命力。

2. 促进马克思主义的时代化

社会在进步，实践在变化，时代在演变。马克思主义作为人类历史发展的产物，也需要紧跟时代、把握时代、引领时代。唯有如此，它才能继续发挥强大的理论指导作用，在时代的浪潮中确证自身。当今世界格局正在加速演变，各种突发事件相互交织，产生了各式各样复杂的现实问题，这就在客观上提出了准确把握时代课题的要求。为此，需要继续推进马克思主义的时代化。而从人类文明成果宝库中采集智慧，则有助于继续推进马克思主义的时代化。

中华优秀传统文化既是中华文明的杰出代表，也是人类优秀文明成果的重要组成部分。它饱含着丰富的实践智慧，曾为中华民族的发展、世界文明的进步作出了不可磨灭的贡献。时至今日，它依然能够为当下中国的社会实践提供诸多有益启示。同时，作为能够为中国实践服务的中华优秀传统文化，对世界上其他国家或民族的发展也具有一定的价值。这是因为，世界总是普遍联系的，不同国家和民族在自身发展过程中面临的实践问题总是会带有或多或少的共同性。[1] 从广义的文化意义上而言，也即文明维度来说，中华优秀传统文化既是民族的，也是世界的。

（二）铸就当代中华文化新辉煌

1. 中华文脉赓续的需要

中华文脉的赓续需要继承和弘扬中华优秀传统文化。[2] 中华优秀传统

---

❶ 杨金卫．“两个结合”：马克思主义中国化的历史必然和发展逻辑 [J]. 东岳论丛，2022，43（1）：13-20.

❷ 蔡尚伟．赓续中华文脉 高扬文化主体性 [J]. 人民论坛，2024（23）：25-29.

文化蕴含着丰富的哲学思想、人文精神、伦理道德和治国理政智慧，具有深厚的历史底蕴和强大的生命力。这些文化基因深深植根于中华民族的血脉中，成为维系民族团结和社会和谐的重要力量。通过对中华优秀传统文化的深入挖掘和研究，能够进一步认识和理解其内在价值和时代意义，从而在新时代背景下更好地传承和弘扬。

中华文脉的赓续需要与现代文明成果相结合。中华优秀传统文化的延续不仅仅是对过去文化遗产的简单继承，更需要在现代文明的语境下进行创新和发展。通过与现代科学技术、现代社会制度和现代生活方式的结合，中华优秀传统文化能够焕发出新的生命力和时代感召力。这种结合不仅有助于丰富和发展中华优秀传统文化，也有助于提升中华优秀传统文化在全球范围内的影响力和竞争力。

中华文脉的赓续需要借助教育和传播的力量。教育是文化传承的重要途径，通过教育体系的完善和创新，能够有效地将中华优秀传统文化的精髓传递给下一代。与此同时，现代传播技术的发展为中华优秀传统文化的传播提供了新的渠道和平台。通过影视、互联网、社交媒体等现代传播手段，能够更广泛地传播中华优秀传统文化，增强其在全球范围内的影响力和认同感。

中华文脉的赓续需要依托国家政策的支持和保障。国家政策的引导和支持在文化传承和发展过程中具有至关重要的作用。制定和实施一系列文化保护和发展政策，能够有效地保护和弘扬中华优秀传统文化，推动其在新时代背景下的创新发展。同时，通过加强国际文化交流与合作，能够更好地展示中华优秀传统文化的独特魅力，提升其在国际文化舞台上的地位和影响力。

中华文脉的赓续需要广大人民群众的积极参与和共同努力。中华优秀传统文化的传承不仅是国家和政府的责任，更需要全体人民的共同参与和努力。广大人民群众作为中华优秀传统文化的传承者和践行者，在日常生活中自觉弘扬和践行中华优秀传统文化，能够为中华文脉的赓续注入源源不断的生机和活力。[1]通过全民参与和共同努力，中华优秀传统文化的生命力将更加旺盛，中华民族的凝聚力和向心力将进一步增强。

2. 传统文化现代化转型的需要

传统文化对于一个国家和民族长远发展的重要性是不言而喻的。中国传统文化具有无可比拟的优越性和魅力，是中华民族的突出优势和深层软实力。但是，它毕竟生发于中国古代社会土壤，而当今中国社会已经发生了翻天覆地的变化，社会存在已然发生深刻改变。因此，如何根据当今中国社会发展的现实需要，推动传统文化的现代化转型，使其更好地发挥价值，也是当代中国人需要回答和解决的重大现实问题。

“两创”是新时代中国共产党人关于推动传统文化现代化转型的指导性方针。“两创”是一个系统工程，包括对传统文化进行鉴别、改造、补充、拓展等多个环节。实现中华优秀传统文化的“两创”，要坚持马克思主义文化观的指导、社会主义核心价值观的引领、优秀传统文化的革故鼎新、民族文化与世界文化的有机统一的四重逻辑。[2]仅仅是单纯地以传统文化的立场、观点和方法来传承传统文化，既不切实际，也不可能真正促进中华优秀传统文化“两创”的实现。这就要求必须摆脱自圆其说的窠臼，引入指导性理论，确保“两创”的客观性、针对性和全面性。马克思主义蕴含的立场、观点和方法不仅能为中华优秀传统文化的“两创”提供正确的文化立场和科学的前进方向，而且可以为传统文化的鉴别、改造再造、补充完善、拓展提升提供科学有效的思维方式和工作方法。

3. 社会主义文化建设的需要

第一，社会主义文化建设的需要体现在构建社会主义核心价值体系的重要性上。社会主义核心价值体系是社会主义意识形态的本质体现，是社会主义制度的精神支柱。要实现这一目标，社会主义文化建设必须融入社

---

❶ 刘奇葆．坚定文化自信传承中华文脉 [J]. 党建，2017（5）：6-10.

❷ 李怀涛，杨文烨．中华优秀传统文化“双创”的路径探析 [J]. 首都师范大学学报（社会科学版），2023（4）：1.

会主义核心价值观，形成强大的思想引领力和精神凝聚力。社会主义文化建设能够增强国家的软实力和文化自信。这种价值体系不仅要在社会生活中得到广泛传播和普及，还要在教育、媒体、文艺等各个领域得到全面体现和落实，从而培养具有社会主义核心价值观的新时代公民。

第二，社会主义文化建设需要注重提高全民族的思想道德素质和科学文化素质。思想道德素质是社会进步的重要基础，是社会主义文化建设的内在要求。通过社会主义文化建设，可以推动全社会形成崇德向善、奋发向上的良好风尚，从而促进社会主义道德的践行和提升。与此同时，社会主义文化建设还应注重科学文化素质的提高，推动全民科学素养的提升，使全社会形成尊重科学、崇尚创新的氛围。这种综合素质的提高不仅有助于增强国家的综合国力和国际竞争力，还能够为实现社会主义现代化和中华民族伟大复兴提供强大的人才支撑和智力支持。

第三，社会主义文化建设的需要还体现在丰富和满足人民群众的精神文化生活需求上。随着社会经济的发展和物质生活水平的提高，人民群众对精神文化生活的需求也日益增长。社会主义文化建设要以人民为中心，关注人民群众的精神文化需求，提供丰富多彩的文化产品和文化服务。通过大力发展文化事业和文化产业，建设公共文化服务体系，推动文化惠民工程，不断满足人民群众多层次、多样化的精神文化需求，使人民群众在享受文化成果的过程中，增强获得感、幸福感和安全感。文化建设要紧密结合人民群众的生活实际，创造具有时代特征、民族特色、群众喜爱的优秀文化作品，不断提升人民群众的文化素养和审美情趣。

第四，社会主义文化建设需要推进文化创新和文化产业发展。文化创新是文化繁荣发展的动力源泉，是推动社会主义文化建设的重要手段。社会主义文化建设要坚持以人民为中心的创作导向，鼓励文化创作的多样化和多元化，推动文化内容、形式和传播手段的创新。通过科技手段的应用，推动传统文化与现代科技的深度融合，促进文化生产方式的变革和文化产业的转型升级。同时，要加大文化产业的规划和扶持力度，优化文化产业结构，推动文化产业集聚发展，提升文化产业的竞争力和影响力，使文化产业成为国民经济的重要支柱产业之一。

第五，社会主义文化建设还需要加强国际文化交流与合作，提升中华文化的国际影响力。在全球化背景下，文化已经成为国家综合国力的重要组成部分，是国家竞争力和软实力的重要体现。社会主义文化建设要积极参与国际文化交流与合作，推动中华文化走出去，展示中华文化的独特魅力和当代中国的发展成就。通过加强与各国在文化、教育、科技等领域的交流与合作，增进中外文化的相互理解和借鉴，促进不同文明之间的对话与交流，为推动构建人类命运共同体贡献中国智慧和中国方案。

（三）助力实现民族复兴伟大梦想

1. 为建设伟大工程供给思想资源

在中国这样一个大国，只有把全国各族人民凝聚起来，集中力量谋发展，才能不断取得实践上的新进展，逐步实现民族复兴。历史和人民选择由中国共产党领导民族复兴，一个很重要的原因在于中国共产党始终注重加强自身建设，不断保持自身的先进性。思想建设在客观上要求供给相应的思想资源。[1]结合中国共产党的思想建设的百年史来看，中国共产党对于思想资源的选择主要集中在两个方面：

一方面是马克思主义。它既是指导思想，也是党加强思想建设最基本的思想资源。中国共产党一贯重视学好这门“必修课”，强调要掌握好这一看家本领。通过对马克思主义的学习、研究，更加深入地领会其基本立场、观点和方法，用以指导实践。通过对马克思主义创新性理论成果的学习，进一步提高认识，统一思想，坚定意志，推进工作。

另一方面是中华优秀传统文化，它是党加强思想建设的重要资源。中华优秀传统文化蕴含的精忠报国、爱民恤物、为政以德、秉公用权、清正廉洁等思想本身就具备一定的价值，作为本民族优秀传统文化继承者的中

---

[1] 邸乘光. 党的思想建设：百年回望及经验启示[J]. 新疆师范大学学报（哲学社会科学版），2021，42（3）：2，7-30.

国共产党并没有忽视这笔宝贵资源，而是根据党的思想建设的实际需要对其加以利用。

2. 为推进伟大事业锚定正确道路

道路决定命运，道路问题是一个国家和民族发展的最根本的问题。党和人民接续进行的实践探索之所以取得举世瞩目的成就，最根本的原因在于我们始终沿着正确道路不断前行。中国特色社会主义是中国共产党领导人民在长期探索中创造的独特的社会主义发展模式，也是推进伟大事业的必由之路。中国特色社会主义是马克思主义、中国具体实际、中华优秀传统文化相互作用的结果，三者密切联系，环环相扣，缺一不可。马克思主义确立原则、提供指导；中国具体实际提供了现实基础、客观条件；中华优秀传统文化则是中国特色社会主义深厚历史底蕴、显著民族特色和丰富知识资源的主要来源。“两个结合”拱卫支撑着中国特色社会主义，是坚持发展中国特色社会主义的应有之义和实践要求。从马克思主义中国化时代化的角度看，“两个结合”具有多重逻辑，其理论逻辑就是马克思主义的世界观方法论、马克思主义关于理论发展的重要论述；其历史逻辑就是中国共产党人对马克思主义的科学认识、从“一个结合”[1]到“两个结合”的历史进程；其实践逻辑就是中国革命、建设、改革和新时代的实践需要“两个结合”，新时代的实践发展促进“两个结合”；其价值逻辑就是“两个结合”对党的理论创新、对中华民族伟大复兴具有重要的意义和作用[2]。

在新时代征程上，坚持发展中国特色社会主义，就是要进一步增强对马克思主义理论逻辑、党的百年奋斗历史逻辑、中国特色社会主义实践逻辑和中华优秀传统文化价值逻辑的认识，持续深入挖掘中华文明中的精华，进一步焕发其蕴含的无穷智慧，发挥其时代价值，使其更好地服务于中国特色社会主义伟大实践。

---

[1] “一个结合”指的是将马克思主义基本原理同中国具体实际相结合。

[2] 师吉金．马克思主义中国化时代化视域下“两个结合”的多重逻辑 [J]. 中共郑州市委党校学报，2024（3）：5.

二、马克思主义与中华优秀传统文化相结合的演进逻辑

厘清马克思主义基本原理同中华优秀传统文化相结合的内在理路与互动逻辑是马克思主义中国化时代化得以顺利推进的重要理论基础，也是中华优秀传统文化创造性转化、创新性发展的理论契机。[1]

（一）一般演进逻辑

马克思主义为实现民族复兴提供了强大理论武器。马克思主义指引着人类社会大步向前发展，其理论伟力是不容置疑、举世瞩目的。马克思主义就是人类社会发展中的明灯，为全人类带来光明，指引全人类追求自由而全面的发展。没有马克思主义，人类社会还将继续在无尽的黑暗中摸索。马克思主义是科学的理论体系，其开放性和发展性昭示着它绝不会故步自封，必将海纳百川、厚德载物、与时俱进。因此，自 19 世纪以来，马克思主义为许多国家尤其是社会主义国家的发展指明了正确方向。

马克思主义基本原理同中华优秀传统文化相结合是马克思主义在中国取得成功的重要原因。中华优秀传统文化作为中华民族的基因、命脉，是实现民族复兴的强大内在根基。中华优秀传统文化灿烂辉煌、历久弥新，可以为人们认识和改造世界提供有益启迪，可以为治国理政提供有益启示。数千年的中华文明中，中华文化始终与外来文化沟通、交融出新的文化形态，以达到不同文明、不同文化之间的相互接触、交流融合。中国共产党百余年来的民族复兴之路既坚持马克思主义的科学指导，又汲取中华独特文化的思想养分，实现了二者的融会贯通、互助互补，为民族复兴伟业提供精神文化支持和思想指引。

马克思主义基本原理同中华优秀传统文化相结合并非两个主体之间的简单叠加，而是要使马克思主义普遍真理在中国具体化，变为中国式，从而使二者互通互助互补，在二者相通融的突破性成果的引领下走向复兴大

[1] 李克明，尹晓燕．马克思主义基本原理同中华优秀传统文化相结合的内在理路 [J]. 江苏大学学报（社会科学版），2024，26（1）：70.

道。但是中华民族想要真正拥有马克思主义这一财富，就必须通过自己的方式；换言之，必须使其具体化、本土化，才能真正拥有这一宝贵的财富。十月革命送来的马克思主义，只是给人们提供了一般性的立场、观点和方法，并没有为实现民族复兴提供特殊性的答案。因此，二者相结合必须要切合中国在不同历史阶段的具体实际，并准确运用中华优秀传统文化来阐释马克思主义，中西并举、鞭辟入里地分析中国的现实问题，而中国社会百年来的现实问题归结起来就是如何实现中华民族伟大复兴。在马克思主义基本原理同中国具体实际相结合的同时，中国共产党人也开始了关于两者相结合的探索。

中华民族的百年奋斗史是中国共产党人不断促进马克思主义基本原理同中华优秀传统文化相结合，并从中汲取强大的精神力量，以解决各种困难和危险，实现民族复兴的历史。中国共产党人审时度势，充分发挥历史主动性、主动把握历史规律性、顺应历史发展趋势，确定了二者相结合这一重要命题，并带领中华民族和中国人民一起，理论联系实践，并在实践中深化理论，在不同历史阶段成功实现了二者的互通互助、融会贯通，从中既找到中华文化的生命禀赋和生存韧性，又为实现民族复兴伟业提供了强大的文化底气和主动的精神力量。❶

二者相结合有力促进了立足中国国情的一系列理论与实践活动，为民族复兴伟业提供了精神文化上的支持；中华民族复兴伟业则为二者相结合提供了成长场域。在百年的奋斗实践中，中国共产党人坚持不懈、开拓进取，从主动学习马克思主义，到积极探索如何使之在中国落地生根，到提出实现中华优秀传统文化的转化与发展，再到坚持二者相结合的重要战略部署，是中华民族和中国人民对中国历史主题的正确理解、深刻把握和不断践行；并在此过程中取得了许多伟大成就，回答了近代以来中华民族救亡图存的历史主题、中国文化破茧重生的历史难题，构建了中国特色社会主义文化强国理论体系，书写了中华民族复兴伟业的新篇章。

---

❶ 梅荣政．论“第二个结合”的必要性可能性及其创新性贡献 [J]. 马克思主义研究，2024（9）：1-11，151.

民族复兴不仅体现在经济、科技、军事等方面，而且更加呼唤思想文化的复兴。回首百年沧桑征程，中华民族和中国人民艰苦奋斗的起点与归宿都是为了实现民族复兴；而中华优秀传统文化作为中华民族的“根”与“魂”，是民族发展更基本、更深沉、更持久的力量。如果一个国家、一个民族仅仅只有经济、政治和军事的强盛，那便没有根，因此，中华民族的伟大复兴必定伴随着文化的发展繁荣。中华民族伟大复兴的不可逆转性也源于其坚实深厚的文化基础。因为，一个民族需要精神力量，否则难以屹立于世界民族之林；更需要文化力量，否则便无法持续发展。我们必须通过民族复兴，让这个拥有五千年灿烂文化、悠久文明和与人类共同命运价值观相契合的民族，在世界民族之林中屹立不倒。

（二）特殊演进逻辑

马克思主义基本原理同中华优秀传统文化相结合的特殊演进逻辑就是其内容、形式以及侧重点在不同阶段分别不同，二者结合围绕不同历史时期阶段性历史任务展开，形成不同的具体内容。[1]回顾党的发展历程，党对两者相结合的特殊演进逻辑的主动探索和科学判断，促进党和国家事业取得了举世瞩目的成就；中国共产党如何实现两者相结合，是在每一个历史阶段都必须深刻把握的重要课题，也是实现民族复兴的重要内容。

新民主主义革命时期，马克思主义基本原理同中华优秀传统文化相结合的特殊演进逻辑是其内容、形式及侧重点紧紧围绕“救国”的历史重任来展开。这一时期的中国共产党人，紧紧围绕“救国”的历史重任，历经万难而百折不挠，成功实现了两者结合，形成了许多优秀的成果。例如：在深刻理解和把握马克思主义革命理论的基础上，从纷繁宏富的中华优秀传统文化中汲取斗争精神的思想，形成了适用于中国革命的理论；在深刻理解和把握马克思主义价值论、主体论和方法论精髓的基

---

❶ 詹宏伟，陈双．论马克思主义中国化时代化“第二个结合”的一般演进逻辑与特殊演进逻辑 [J]. 重庆三峡学院学报，2023，39（4）：1-12.

础上，从纷繁宏富的中华优秀传统文化中汲取传统民本思想的养分，形成了党的群众路线，这成为革命胜利的强大的群众基础。只有紧紧围绕“救国”的历史重任，坚持两者相结合，继承、创新和传承中华优秀传统文化，并与马克思主义融会贯通，最终将其熔铸于中国革命，才能为解决“救国”的实际问题提供思想文化支持，为新民主主义革命的伟大胜利提供思想文化保障。

社会主义革命和建设时期，马克思主义基本原理同中华优秀传统文化相结合的特殊演进逻辑是其内容、形式以及侧重点紧紧围绕“兴国”的历史重任来展开。这一时期的中国共产党人，紧紧围绕“兴国”的历史重任，历经万险而矢志不渝，实现了两者相结合，形成了有助于社会主义革命和建设胜利的理论。例如：在深刻理解和把握马克思主义关于独立自主思想的基础上，从纷繁深厚的中华优秀传统文化中汲取独立自主、自强不息的思想精华，形成了独立自主的道路。只有紧紧围绕“兴国”的历史重任，坚持两者相结合，继承、创新和传承中华优秀传统文化，并与马克思主义融会贯通，最终将其熔铸于中国建设，才能为解决“兴国”的实际问题提供思想文化支持，为社会主义革命和建设的伟大胜利提供思想文化保障。

改革开放和社会主义现代化建设新时期，马克思主义基本原理同中华优秀传统文化相结合的特殊演进逻辑是其内容、形式以及侧重点紧紧围绕“富国”的历史重任来展开。这一时期的中国共产党人，紧紧围绕“富国”的重任，成功实现两者相结合，创立了中国特色社会主义理论体系，形成了许多优秀的成果。例如：在马克思恩格斯共产主义思想的指导下，继承中华优秀传统文化中“小康”和“大同”的理想，提出建设“小康社会”的目标，彰显了两者相结合的感召力；在马克思主义关于德治思想的基础上，继承传统文化中的德政思想，提出了重要的治国方略，为新时期的伟大胜利提供了思想文化支持。只有紧紧围绕“富国”的历史重任，坚持两者相结合，继承、创新和传承中华优秀传统文化，并与马克思主义融会贯通，最终将其熔铸于中国建设的实践，才能为解决“富国”的实际问题提供思想文化支持，为新时期的伟大胜利提供思想文化保障。[1]

中国特色社会主义新时代，马克思主义基本原理同中华优秀传统文化相结合的特殊演进逻辑是其内容、形式以及侧重点紧紧围绕“强国”的历史重任来展开。这一时期的中国共产党人，紧紧围绕“强国”的阶段性任务，守正创新、扬帆奋进，成功实现了两者的深度融合，开辟了两者相结合的新境界。例如：在深刻理解和把握马克思主义关于世界历史理论的基础上，传承中华优秀传统文化中的天下一家思想，创造性地提出了构建“人类命运共同体”；在深刻理解和把握马克思主义的国家安全观的基础上，传承中华优秀传统文化中的忧患意识和整体思维，提出了总体国家安全观。只有紧紧围绕“强国”的历史重任，坚持两者相结合，继承、创新和传承中华优秀传统文化，并与马克思主义深度融会贯通，最终将其熔铸于新时代的实践，才能为解决“强国”的实际问题提供思想文化支持，为取得新时代的伟大胜利提供思想文化保障。

第二节　马克思主义与中华优秀传统文化融合的必要性和可能性

一、马克思主义基本原理同中华优秀传统文化相结合的现实必要性

马克思主义基本原理同中华优秀传统文化相结合（以下简称“第二个结合”）是马克思主义基本原理在中国社会发展的过程中顺应时代需要并获得持久生命力的必然选择和内在需要。同时，中国在前进过程中遇到的难题和挑战也在召唤着二者的结合，也正是在二者结合的基础上形成了很多优秀的思想成果和创造性理念，助推着长久困扰着中华民族的

---

[1] 丁玉峰．中国共产党推进“第二个结合”的历史主线、价值遵循与实践要旨 [J]. 马克思主义哲学，2024（1）：74-81.

难题的解决。实现中华优秀传统文化与马克思主义中国化时代化的融合，对于我国社会主义现代化建设具有积极的推进作用。[1]

（一）推动马克思主义中国化的必然选择

在中国共产党的坚强领导下，中国的革命现状发生了改变，中国革命自此由被动走向主动，由失败走向胜利。这种变化不仅得益于我们有了先进的革命政党的领导，更重要的是我们选择了马克思主义作为我国的根本指导思想。马克思主义虽然是具有普遍意义的真理学说，但在中国这个陌生的东方国度里生存发展并非易事。中国传统文化作为中国的本土文化，有着独特的价值观念、思维习惯和行为方式，潜移默化地影响着华夏儿女，在中国人的内心早已留下了深深的烙印。因此，马克思主义能否在中国站稳脚跟，能否被中国人民群众接受，能否实现长远持久的发展，要看其能否与我们根深蒂固的中华优秀传统文化相适应。

全球化背景下，马克思主义中国化作为一种独特的理论和实践路径，对塑造中国社会和国际社会产生了深远影响。[2]马克思主义形成和发展于全球化的背景下，是具有普遍性真理的科学学说。正如普遍性寓于特殊性之中，马克思主义作为具有普遍指导意义的一般性学说，其也必须通过具体的民族表现形式才能证明其具有的价值，也即马克思主义基本原理的运用，必须同每个民族的具体情况相适应。对于我国来说，既要将马克思主义基本原理同中国的现实国情与生动实践进行结合，也要让马克思主义基本原理汲取中华优秀传统文化的精髓，披上中国的“民族服装”，实现马克思主义中国化。

当今，增强文化自信、建设社会主义文化强国可以为我们在纷繁复杂的世界中站稳脚跟提供重要的精神支撑。从这个意义上讲，马克思主义

---

[1] 魏驰．中华优秀传统文化与马克思主义中国化时代化的融合发展路径 [J]. 中共太原市委党校学报，2023（6）：30.

[2] 陈婷非．全球视野下马克思主义中国化的发展与挑战 [J]. 今传媒，2024，32（8）：90.

基本原理同中国具体实际的结合，具体表现为将社会主义文化同中国的优秀传统文化进行结合，使中国特色社会主义文化强国建设的目标得以在不断吸收、发扬中华优秀传统文化的基础上实现。中华民族拥有数千年的历史，具有独特的特点和众多的文化珍品。作为马克思主义的历史唯物主义者，人们不应割断历史。总结好中华优秀传统文化中的精华内容以滋养发展马克思主义，并促进其在中国的发展，是我们在推进马克思主义中国化的过程中必须肩负起的责任、落实好的任务。

（二）实现中华优秀传统文化“两创”的内在需要

中华优秀传统文化中蕴藏着中国人民最深层最本质的精神特质和价值理念，是中华民族最本质的特征，也是中华民族区别于世界上其他民族的鲜明标识。中国传统文化中蕴含着的道德观念、人文精神、价值追求等内容对促进国家与社会的快速发展与文明进步具有很强的启示作用，而马克思主义基本原理是被历史和现实证明了的真理性学说，散发着耀眼的真理光辉。[1]为此，推动中华优秀传统文化实现“两创”必须遵循马克思主义基本原理的根本指导。

中国传统文化形成于以小农经济为基础的封建社会中，其主流思想以四书五经为主要代表，维护和代表封建阶级的利益和意志。马克思主义传入中国以后，工人阶级便找到了科学的理论指导并顺利登上历史舞台，具有先进性、革命性的中国共产党诞生，我国逐步过渡为社会主义性质的国家，坚持人民利益至上，将最终目标确定为带领广大人民群众建设共产主义社会。同传统社会相比，由于当代中国的统治阶级和社会性质发生了根本改变，很难直接从中国传统文化中找寻和挖掘出可以满足社会主义市场经济需要的文化精神和内容。优秀的、科学的文化不是凝固的、停滞不前的，而是可以通过不断吸收其他文化来促进自身与时

❶ 林进平.以中国化的马克思主义挖掘和阐发中华优秀传统文化[J].哲学动态，2025（1）：5-20.

俱进发展的。马克思主义基本原理和中华优秀传统文化作为当代中国文化体系中的重要组成部分，有着强大的生命力和影响力，在它们各自的发展过程及对中国社会发挥作用的进程中，有着相互结合、相互借鉴、相互吸收的需要。[1]

社会不断发展演进，新事物层出不穷，中华优秀传统文化在当代社会要继续发挥作用就必须经历根本性变革，即需要抛弃中国传统文化中落后的封建主义和专制主义等内容，对其精华部分和优秀内容加以改造和转化，赋予其新的时代内涵，促进传统文化的现代化转化，以此满足现代社会发展的需要。要实现这个目标，就需要对中国传统文化进行一个系统科学的辨别和总结，提取出传统文化中对当今社会发展仍有借鉴和促进作用的优秀内容及精华部分，剔除掉阻碍社会和谐、不利于社会主义经济文化建设和发展的糟粕内容。马克思主义在分析资本主义社会和总结人类优秀文化成果的基础上科学总结了人类社会发展的基本规律，描绘了人类未来社会的蓝图，其基本立场、观点和方法具有科学的普遍指导意义。

二、马克思主义基本原理同中华优秀传统文化相结合的内在可能性

马克思主义基本原理与中华优秀传统文化相结合，实现了马克思主义中国化的科学发展。[2]虽然马克思主义基本原理同中华优秀传统文化产生的时代背景、地域空间等存在很大差异，但二者却有着一种与生俱来的亲和性、内在特质上的相似性以及内容上的相通性，这为二者的结合提供了内在可能。

---

[1] 张雷声．“两个结合”是党的创新理论的原理性成果 [J]. 马克思主义理论学科研究，2024，10（12）：4-14.

[2] 安永友．马克思主义基本原理与中华优秀传统文化相结合的三个维度 [J]. 中共桂林市委党校学报，2024，24（2）：61.

（一）特征上高度相似

实现“第二个结合”不是天马行空的想象或不切实际的臆断，两种不同的文化具有的相似性特征为推进二者的结合奠定了重要基础。马克思主义基本原理具有的普遍性、世界性特征，中华优秀传统文化具有的开放性、包容性特点，为在时空上有着巨大差异的两种文化实现结合提供了内在可能。

1. 马克思主义基本原理具有普遍性、世界性

马克思主义基本原理虽然产生于西方，是特定社会环境下的产物，但马克思主义中蕴含着的真理性内容有着广泛的指导意义，绝不仅限于被用来指导西方社会的发展。真理无国界。马克思主义基本原理是超越东西方之分的思想文化成果，站立于资本主义社会之上，揭示了整个人类社会发展的客观规律，对于解决各国的实际问题具有普遍的指导作用，是全世界人民共同享有的精神财富。

马克思主义基本原理的形成经历了由具体上升到抽象，并由抽象转化为具体的过程，这决定了马克思主义真理的绝对性，使得马克思主义基本原理对一切事物都具有普遍的指导作用。作为社会主体的人，通过实践，在直接接触具体事物的基础上形成感性认知，通过分析、综合、比较、抽象等方法，人的思维逐步上升到对事物的理性认知层面，接着以判断、推理、概括等方式对事物的重要本质和内在联系进行系统全面的梳理与总结，形成规律性认识。更为重要的是要在实践中对这些规律性认识进行多次反复检验，不断修正、补充、完善这些规律性认识，使其成为抽象的科学真理，最终达到对具体的实践与事物具有普遍性指导意义的高度。人们在思想中把个别的东西从个别性提高到特殊性，然后再从特殊性提高到普遍性；人们从有限中找到无限，从暂时中找到永久，并且使之确定起来。被确定下来的具有普遍性和永久性的即为具有最高抽象性和普遍性的真理，揭示了事物存在与发展的内在本质和客观规律。马克思主义基本原理的形成和确立就经历了这样的过程，成为永恒的不可被超越的普遍规律，能够同世界上一切优秀的文化进行结合并被用于

指导各国的具体实践。❶

马克思主义是一个内容丰富、包罗万象、开放、不断发展的学说，其创立建立在批判性地吸收继承人类优秀文明成果的基础之上，是全人类思想智慧的结晶。无论是自然科学，还是社会科学取得的成就，都为马克思主义学说的创立提供了思想基础和启发。能量守恒定律、生物进化论和细胞学说等自然科学的进步，成为马克思、恩格斯提出自然辩证发展规律的直接影响因素；黑格尔的辩证逻辑思维以及辩证法的三大规律为马克思主义辩证法的创立奠定了基础；费尔巴哈哲学为马克思主义唯物论的提出提供了思想启发。同时，世界上存在的"西学中源"说与"马克思主义中源"说同样可以说明马克思主义理论的创建包含着中华文明中的优秀思想。人们自己创造自己的历史，但是他们并不是随心所欲地创造，并不是在他们自己选定的条件下创造，而是在直接碰到的、既定的、从过去承继下来的条件下创造。这说明在历史长河中积淀下来的思想文化传统是人类社会发展的理论根基。因此，马克思主义基本原理的创立不可逾越世界上一切优秀的思想文化成果，这些传统的优秀文化构成了马克思主义创立的思想文化基础，是其具有普遍性和世界性的重要条件。❷

马克思主义的诞生为工人阶级运动提供了根本的思想引领，促使人类历史发生了翻天覆地的改变。马克思主义基本原理对当今世界依然具有广泛的指导作用，人类社会的发展变化依然处于马克思主义构建的蓝图之中，其具有的普遍性与世界性的特点依然未被改变。马克思主义所阐述的一般原理整体来说仍然是完全正确的。我们要坚持和运用辩证唯物主义和历史唯物主义的世界观和方法论，坚持和运用马克思主义立场、观点、方法解决生产实践问题。

---

❶ 田鹏颖．习近平文化思想的认识论意义和实践向度 [J]. 中国人民大学学报，2024，38（2）：1-10.

❷ 周玉姣．马克思主义基本原理同中华优秀传统文化相结合的实现路径研究 [D]. 郑州：郑州轻工业大学，2023：18-19.

2. 中华优秀传统文化具有包容性、开放性

一部中国史，就是一部各民族交融汇聚成多元一体中华民族的历史，就是各民族共同缔造、发展、巩固统一的伟大祖国的历史。各民族之所以团结融合，多元之所以聚为一体，源自各民族文化上的兼收并蓄、经济上的相互依存、情感上的相互亲近，源自中华民族追求团结统一的内生动力。正因为如此，中华文明才具有无与伦比的包容性和吸纳力，才可久可大、根深叶茂。中华文明的开放性、包容性决定了中国传统文化虽然产生于东方，但同时又极具世界性的一面，可以和来自世界上不同民族的优秀文化进行交流互鉴、融合共生。

中华优秀传统文化中有着丰富的体现开放性、包容性的理念，为中华文明与其他不同文化之间的融会贯通奠定了思想基础。"地势坤，君子以厚德载物"的意思是，君子需要像大地一样拥有宽广的胸怀、深厚的德行，这样才能承载起万物，包容世间的一切。"厚德载物"一词深刻地体现了中华优秀传统文化具有的内在精神特质，反映出中华文明中包含着兼容并蓄、宽广仁厚的博大胸襟。"贵和"思想在中国传统文化中有着深远持久的影响，崇尚和平、睦邻友好是华夏文明的显著特征。中华民族非常注重同异域民族之间的和平交往，将"以德为先""依仁成礼"作为外交原则，将"亲仁善邻""守望相助""协和万邦""天下大同"作为外交的方向和目的。这种追求和平稳定的"贵和"思想，使得中国的本土文化能够用宽广深厚的胸襟和兼容并包的态度去广泛接受不同的文化。❶

中国传统文化中的"和合"思想强调要注重不同事物、不同要素之间的整体统一性，即在尊重事物差异的基础上实现彼此之间的和谐共生。"和合"思想使得中国传统文化在接受外来文化时不用强制的力量对其进行改变，而是根据自身实际情况和发展的需要，对外来文化进行消化吸收，达到为我所用的目的，这在无形中推动着本土文化同外来文化进行融会贯通、消化整合，从而形成具有中国特色的思想文化。构成中华优秀传

❶ 胡海波．中国精神的实践本性与文化传统 [J]. 哲学研究，2015（12）：114-121.

统文化精神内核的“厚德载物”与“和合”思想是中华文明具有包容性、开放性特点的主要原因，也是马克思主义能够为中国民众接受，被用于解决中国实际问题并上升为我国根本指导思想的文化基础。

在历史进程中，中华民族是一个乐于外交的民族，这种注重外交、善于交流的行为造就了中国传统文化开放性、包容性的特征。春秋战国时期是中国历史上思想文化发展最为迅速的时期，思想广博、名家辈出、群星璀璨，呈现了百家争鸣、盛况空前的繁荣现象。不同的流派有着各自独特的主张和观点，各学派虽极力推行自身主张，在学术观点上相互诘难，但又谨遵包容互鉴的原则，彼此之间相互学习吸收各家的思想精髓，形成了很多对后世影响深远的核心观点与思想，造就了中国思想文化史上的传奇。佛教文化作为一种外来文化，可以在中国进行传播发展并一度成长为中国的官方学说，与儒家、道家学说形成“三教合一”的局面，共同成为中国传统文化非常重要的组成部分，同中国传统文化的包容性与开放性特性有着根本关系。佛教自西汉末从印度传入中国，在隋唐时代达到巅峰，形成了独具中国特色的佛学宗派。中国的佛学各宗派，主动将儒家、道家的思想有机地融合到自己的思想体系中，形成了不同于印度佛教且符合中国社会发展需要的中国佛学思想体系。道家思想与佛教思想对儒学的主流思想地位构成了严重的威胁和挑战，为了回应挑战，儒学通过借鉴融合佛道的有益成分，在宋朝发展出新儒学，从而重新占据自己的主流思想地位。自隋唐以来，儒、释、道三教之间彼此吸收借鉴、相互影响、共同发展的现象，在表现了中国传统文化注重包容、主动、开放特性的同时，也使得这种特性更富有魅力。[1]

中华文明具有的开放性、包容性特征，已经成为中华民族最鲜明的精神标识，对中华儿女的性格、心理造成了深远的影响，让人们在面对各种有差异的文化时不是以仇视、冲突的方式去解决和对待，而是报以尊

[1] 陈兵.晚唐以来的三教合一思潮及其现代意义[J].四川师范大学学报（社会科学版），2007（4）：38-45.

重、包容的正确态度，取其精华、去其糟粕。马克思主义基本原理虽然是来自西方的学说，同中国本土文化在时空上有着天差地别，但在中国却能够被尊重、运用并不断得到发展，同中华优秀传统文化的包容性、开放性特征密切相关。由此可见，中华优秀传统文化的开放性、包容性为人们接受马克思主义基本原理并使其在中国被广泛应用和发展奠定了坚实的文化根基。

（二）内容上高度契合

马克思主义基本原理同中华优秀传统文化不仅具有特征上的相似性，在内容上同样具有相通性。

第一，马克思主义人民观同中华优秀传统文化中“民为邦本”的民本思想相融通。马克思主义将维护人民利益作为自身最高追求。马克思将“人”作为最为重要的社会历史主体，认为人是社会历史和社会财富的创造者，世界上的一切文明都出自人民之手，人民群众从根本上决定着社会历史的发展。究其根本，历史是由现实的、有血有肉的人创造的——正是这些鲜活个体主导着文明进程、掌握着发展命脉，并为实现自身诉求而不懈奋斗。所谓历史长河，不过是无数人追求理想、改造世界的实践轨迹在时空中的投射。列宁也看到了人民身上具有的强大力量，充分肯定人民的主体地位和巨大的创造力，丰富的社会财富均来自广大人民的生产劳动，资产阶级只是这些财富的占有者，而非创造者。正是人们的这些实践劳动为资产阶级和资产者创造了赖以生存和社会发展的全部财富。中华优秀传统文化中蕴藏的丰富的民本思想也极为注重人民的力量和作用，认为人民才是决定国家生存和发展的根本。

马克思主义基本原理同中华优秀传统文化均注重维护人民利益、发挥人民力量的观点和思想证明了二者在“人民性”上的一致性，为二者的相互融合奠定了重要基础。

第二，马克思主义生态观同中华优秀传统文化中“天人合一”的哲学理念相融通。马克思主义生态观认为人和自然之间是相互影响、相互制约的关系，要想实现人类社会的永续发展，人与自然必须和谐相处，人类社会的进步与自然界的进化必须协调统一。一方面，自然界为人类提供了最基本的生活和活动的场所，人维持自身发展所消耗的一切东西都需要从自然界中获取，人的生存与发展离不开自然；另一方面，人是区别于动物的有着理性、智慧与道德的社会存在物，有着很强的主观能动性，可以根据自己的意愿去认识和改变世界。自然界的存在是客观的，自然界物质的总和是一定的，自然界的发展有其独特的规律性。人在认识、利用、开发、改造自然的过程中必须尊重其客观规律，将对自然的改造和利用控制在可以维持自然实现永续发展的基础之上。[1]

实践活动与生产劳动将人与自然紧密地联系在一起，构建起了人与自然之间物质变换的桥梁。为了将人与自然之间的物质变换控制在合理的范围之内，应当力求以最小的消耗，在最无愧于和最适合于人类本性的条件下进行这种物质变换。中华优秀传统文化中的"天人合一"思想蕴含了深远的智慧，其中既有关于君权神授的"天人感应"说，更强调人在利用自然时必须遵循自然的客观规律，注重不同事物之间的和谐共生。老子提出了"人法地，地法天，天法道，道法自然"的哲学观点，他认为自然界中存在着万事万物都必须遵循的最高法则，即"道"。这表明，当人与自然发生交互时，必须尊重自然规律。此外，"夫和实生物，同则不继""天时不如地利，地利不如人和""万物负阴而抱阳，冲气以为和""天地与我并生，而万物与我为一"等论断，均强调了事物间协调统一的重要性，倡导人类社会与自然之间的和谐发展。[2]

马克思主义基本原理同中华优秀传统文化均强调人类与自然界之间应和谐共生的观点为二者的融合提供了重要基础。

第三，马克思主义实践观同中华优秀传统文化中的"知行合一"主张相融通。人所获得的一切认识均来自其实践活动，实践是人获得认识的唯

---

❶ 王海东，曹银芝. 儒家"天人合一"思想新探 [J]. 理论学刊，2024（2）：160-169.

❷ 周玉姣. 马克思主义基本原理同中华优秀传统文化相结合的实现路径研究 [D]. 郑州：郑州轻工业大学，2023：22.

一途径。同时，人的实践有思想和认识作为指导。人作为实践的主体，有着区别于动物的意识和思想，人在实践之前便已经确立了自己的目的，在实践的过程中，不仅使自己实践的对象——自然物发生改变，而且在此基础上实现自己的目的。马克思主义基本原理中包含的一切内容均是马克思主义者经过实践而获得的正确认识。马克思在总结人类历史发展规律的过程中始终注重从实践中获取认知、总结经验，进而将这些认知和经验概括为科学的学说并上升到真理的高度，用于指导人类社会的实践活动，创立可以保证每个人都绝对自由的共产主义社会。因此，马克思主义不是脱离实际的高谈阔论，而是指导工人运动的科学理论，包含了生动鲜明的现实指向。

中华优秀传统文化中包含着丰富的注重实践的思想和观点。中华民族注重实践的文化传统经历了漫长的历史过程，主要表现在对知行的认知及其关系的理解上。“知”代表人们对某种事物的感觉、直觉和认识，是存在于头脑之中的知识、认知；“行”即人们在现实生活中的行动与实践，注重对事物真实状态的研究。“知行合一”代表知行双方具有同一性，二者相辅相成、不能脱离。[1]中国传统文化中有关知与行的思想源远流长，古代众多杰出的仁人志士都很重视“知行合一”。早在《尚书·说命》中就有“知之匪艰，行之惟艰”的记载。儒家代表人物孔子在教育活动中非常注重践行“知行合一”的思想。孔子在对弟子进行教育时，注重思想和行动的统一，强调从实践中获得知识，而不是进行单一的理论说教。孔子提出“不愤不启，不悱不发”的教育思想，其中“愤”和“悱”都强调需要先从现实的生活中获取知识，体现了知与行的统一。宋代朱熹主张“论先后，知为先，论轻重，行为重”。明代王阳明主张“只说一个知，已自有行在，只说一个行，已自有知在”的“知行合一”说，认为“学”必须见于“行”。明清之际的王夫之认为，“知行相资以为用”“知行始终不相离”，提出了“行可兼知，知不可以兼行”的观点，将知归于行，明确提

[1] 李丕洋.中国儒家及传统知行观思想新论[J].江西社会科学，2003（9）：81-83.

出了基于实践基础上的知行观，这表明中国古代的实践观和认识论已经达到了较高水平。

马克思主义实践观和中国传统文化的“知行合一”观点都强调实践对于认识具有决定性作用，为“第二个结合”奠定了重要的文化基石。

第四，马克思主义要求实现共产主义的最高社会理想同古代中国人民理想中的“大同社会”有着共同的价值归旨。二者虽然有着本质区别，但二者在价值追求上有着不容争辩的契合性，即这两者都是对剥削制度的否定，都体现着人们对平等的向往，表达了对人的终极关怀。在共产主义社会高级阶段，在迫使个人奴隶般地服从分工的情形已经消失，从而脑力劳动和体力劳动的对立也随之消失之后；在劳动已经不仅仅是谋生的手段，而且本身成了生活的第一需要之后；在随着个人的全面发展，他们的生产力也增长起来，而集体财富的一切源泉都充分涌流之后——只有在那个时候，才能完全超出资产阶级权利的狭隘眼界，社会才能在自己的旗帜上写上“每个人的自由发展是一切人的自由发展的条件”。❶

中国古人编撰的《礼记·礼运》记载着先秦诸子的社会理想，勾勒出了“大同社会”的美好画面。它主张：“大道之行也，天下为公，选贤与能，讲信修睦。故人不独亲其亲，不独子其子，使老有所终，壮有所用，幼有所长，矜寡孤独废疾者皆有所养。男有分，女有归。货恶其弃于地也，不必藏于己；力恶其不出于身也，不必为己。是故谋闭而不兴，盗窃乱贼而不作，故外户不闭。是谓大同。”这里书写了古代中国人民对美好社会的追求，对理想社会形态的期盼，这种美好的社会理想延续至今，鼓舞着无数中华儿女不断为此努力奋斗。从古代的儒家代表到发动太平天国运动的农民代表，再到百年奋进的中国共产党人，都致力于建立强大且美好的社会，这使得中国人民对美好生活的追求持续充满动力，从未放弃和间断。❷

---

❶ 孙聚友．儒家大同思想与人类命运共同体建设 [J]. 东岳论丛，2016，37（11）：63-67.

❷ 汪洪亮．中国传统和谐文化的近代诠释——孙中山关于社会主义和大同社会的思想及其现实意义 [J]. 四川师范大学学报（社会科学版），2008（2）：115-120.

第三节　马克思主义与中华优秀传统文化融合的原则与意义

一、马克思主义与中华优秀传统文化融合的原则

（一）坚持历史性和创新性

每一种原则都适应于其特定的时代背景，任何一种观念都有其所处的时代烙印，任何一种不同的文化融合都体现了这个时期的主旋律。在各个阶段，将马克思主义与中华优秀传统文化相结合，都要紧紧抓住这个时代的主题，才能使它的结合之路继续向前，永不停息，焕发出强大的活力。

在马克思主义与中华优秀传统文化的融合发展过程中，创新不仅是社会发展和实践的必然要求，也是理论不断进步的内在需求。如果不进行创新，就无法有效应对发展过程中涌现的各种新情况和新问题。要将马克思主义与中华优秀传统文化相融合，就必须有创新的指引，否则难以实现马克思主义的中国化和中华优秀传统文化的现代化。创新的形式多种多样，既可以是发现一条新规则，也可以是提出一种新学说，还可以是澄清一个道理，甚至是创造一种解决问题的新方法。只有在这一过程中，人们才能找到并解决问题，从而实现理论、思维和方法上的创新。中国共产党在发展历程中，通过在理论和观念上的不断创新，对社会主义是什么、怎样建设社会主义、建设什么样的党、如何建设党、如何发展党等重要问题作出了准确的、科学的解答，在新的实践中不断地摸索出新的理论，制定出了一整套切实可行的方针政策，并根据形势的变化，及时地处理好各类问题和主要矛盾。当今，要推动中华优秀传统文化和马克思主义的融合和创新，还需要从新思想、新实践和新经验中挖掘新的素材，从而发现新问题、提出新观点、构建新理论，从新理论中提取新规律，从新实践中总结新规律。

（二）坚持批判性和继承性

批判性是指人通过观察、辨别等形式，利用已有的知识储备和经验积累，发挥自己的主观能动性对事物进行评判和批驳。马克思的意识形态理论实现了对资产阶级意识形态有原则有高度的批判和对一般意识形态的科学性建构，以及对无产阶级意识形态的启蒙性建构，被视为其哲学和社会科学理论最重要的贡献之一。[1]继承性是一个非自然的概念，在文化中指的是对以往留下来的具有一定价值的物质文化、精神文化、道德品质文化的传承和弘扬，使其能够在现在和以后的一段时间内发挥更大的价值。批判性与继承性的方法论前提就是辩证法，辩证法在对现存事物的肯定理解中包含对现存事物的否定的理解，按本质来说，它是批判的和革命的。中华优秀传统文化是既定历史条件下的产物，糟粕与精华并存，所以需要用辩证思维对待它，对待传统文化中的优秀部分，有利于当代社会发展的部分吸收并继承；对待传统文化中的封建残余，不利于中国文化发展的部分要摒弃，这是文化接续发展的关键所在，也是文化保持生命力的关键所在。

文化与社会发展是一个有机体，是一个系统。人类文明的历史，就是在对其进行批判和传承的过程中不断向前发展的，而优秀的传统文化资源，不仅能在建设社会主义先进文化中发挥巨大的促进作用，还能在提升民族凝聚力的因素中处于中心地位。如果我们在处理文化遗产的时候，总是戴着有色的眼镜，或是一概地去接受，那将会对中华优秀的传统文化造成很大的伤害。要在批判中有传承，批判并不是一味地否认一切，它本来的意思就是在分析与判断的基础上作出决定。但是，在继承中又有批判，它并不是完全地复制和拿来，继承是有选择地把原有精神上的东西留下来。对于中华优秀的传统文化，由于其自身的时代特征和自身的限制，以及它所代表的时代发展，对其进行传承是一种有选择的接纳。所以，两种文化融合时，一定要坚持批判、继承的原则，对那些与时代发展相适应的

[1] 胡熙涵，吴辉．马克思的意识形态批判性建构理论及其当代意义 [J]. 学理论，2022（2）：30.

价值观和文化思想加以传承，把那些最好的、最适宜的文化思想融入当代的实践中去。

（三）坚持开放性和民族性

文化是一个民族和国家的集体智慧结晶，它是一个民族特有的、独一无二的符号。由于自然气候条件、客观地理环境的差异，每一个民族都以自己所处的生活空间、历史背景为依据，从而构成了自己的文化。在人类的发展过程中，由于人类的生存和交流方式的不断变化，人类的思想、行为、价值观也随之产生了巨大的变革。在整个人类的发展过程中，各国的文明都呈现出其特有的思想形态。在文化的形成过程中，各民族的实际基础的差别，决定了各民族、各地区的思想观念的差别。在这一差别的基础上，产生了各自的思维方式、行为方式和价值观念。早在一百多年前，马克思和恩格斯就揭示了世界历史和精神文化生产的全球化发展趋势，指出每个文明国家以及这些国家中每个人的需求满足都离不开整个世界，众多民族和地方的文学逐渐汇聚成了一种世界性的文学。

在历史的长河中，推动文化发展的必由之路，就是要走符合自身特色的发展道路。随着经济全球化深入发展，日常交往方式的变革已突破地域界限，不仅为各民族文化成果提供了交流互鉴的平台，更构建起多元对话与文明传播的立体网络。这种跨越国界的文化互动已成为全球性趋势，被世界各国人民广泛认同，正在深刻重塑人类文明交流的图景。中华文化既是历史的，也是现代的，既是民族的，也是世界的。这是一种文化自身的本质特征，它把民族特色同世界特色融为一体，这是一种文化发展的必然趋向和需要，马克思主义与中华优秀传统文化，都是一种具有普遍性的文化，它们都应该顺应这种趋向和需要。

任何一种文化都具有自己的独特之处，要立足于自己国家的国情，在尊重其他国家文明差异的前提下，本着取长补短的原则，相互学习，只有在这种情况下，人类所创造出的一切优秀的文明成果，才能得到更好的发展和传承。我们可以运用马克思主义来指导中华优秀传统文化，使其与本民族的文化特征相契合，与民族的现实生活和谐共生，从而进一步丰富和提升民族文化的内涵。在此过程中，要把握好民族性与开放性的结合点，既要从中华优秀传统文化中汲取养分，充实和发展马克思主义思想，又要将自身的思想融入世界文化体系之中，同时保持鲜明的民族特色。

二、马克思主义与中华优秀传统文化融合的意义

（一）马克思主义与中华优秀传统文化相结合的理论意义

马克思主义基本原理与中华优秀传统文化相结合是新时代重大理论问题和现实问题。[1]无论是马克思主义还是中国传统文化，它们都与特定的历史和国情紧密相连，在此基础上赋予了原有意义以新的内涵。当今世界正经历着百年未有之大变革，无论是国际形势和外部环境，还是中国的发展需求、发展速度以及发展环境，都发生了翻天覆地的变化。

1. 挖掘中华优秀传统文化的思想精髓

今天的中国是中国共产党领导的社会主义性质的中国，中华优秀传统文化是中华民族的突出优势和最深厚的文化软实力。但这种优秀力量和文化软实力的形成不是一个自然过程，需要付出巨大努力来传播中国价值、中国精神和中国力量。

优秀的中国传统文化只有在马克思主义指导下，才能更好地塑造中国的价值观。所有健全的基本价值观都有其固有的根基。建设好中国的价值观，离不开把中华优秀传统文化的价值应用于社会主义核心价值观建设中去。但是，中华优秀传统文化同社会主义核心价值观的融合并不是简单意义上的结合，并不意味着中华优秀传统文化可以直接应用到社会主义核心价值观中去。基于此，我们要学习和运用马克思主义的方法论原则，把中华优秀传统文化同社会主义核心价值观相结合。

---

[1] 文吉昌．马克思主义基本原理与中华优秀传统文化相结合的重大意义 [J]. 学理论，2023（5）：8.

在马克思主义科学理论的指导下，中华优秀传统文化才能在社会实践过程中更好地讲好中国故事、发扬中国精神、传播中国文化。经过一百多年的奋斗，中国共产党在创造伟大精神的基础上，开辟了一条思想脉络，并通过中国实践发现、改变甚至颠覆了世界的某些认知。中国传统文化的优越性，在马克思主义的指导下，能够更好地激发中国力量。作为中华民族共同的精神家园，中国传统文化在关键时刻能够凝聚起中华民族的强大力量。优秀的中国传统文化所蕴含的凝聚力和向心力，激励和引导着中国人民为共同的理想而奋斗，凝聚了强大的中国力量。

2. 开辟马克思主义中国化时代化新境界

发展新时代中华优秀传统文化要坚持把马克思主义基本原理同中国的具体实际相结合、同中华优秀传统文化相结合。进一步推进马克思主义中国化时代化发展是党百年奋斗史上第一次将马克思主义基本原理与中华优秀传统文化相结合的重大实践。百年来党的历史上的三大历史决议，体现了要把马克思主义基本原理同中国具体实际联系起来的连续性，显示了把马克思主义基本原理同中华优秀传统文化联系起来的时代进步意义，给我们一把认识和理解马克思主义中国化时代化的历史逻辑、理论逻辑和实践逻辑的钥匙。[1]

仅仅依靠翻译国外马克思主义著作和解读马克思主义经典文献等手段，已经远远不能满足新时代中华优秀传统文化和 21 世纪马克思主义在中国发展的需要。中国特色社会主义文化自觉根植于中华优秀传统文化的沃土之中，开辟马克思主义中国化时代化新境界也离不开中华优秀传统文化这一文化沃土。

（二）马克思主义与中华优秀传统文化相结合的现实意义

1. 弘扬社会主义核心价值观

社会主义核心价值观是社会主义核心价值体系的内核，体现社会主义核心价值体系的根本性质和基本特征，反映社会主义核心价值体系的丰富

[1] 冯继康．“第二个结合”形成的历史逻辑 [J]. 马克思主义与现实，2024（1）：19-25，204.

内涵和实践要求，是社会主义核心价值体系的高度凝练和集中表达。[1]和谐、爱国等社会主义核心价值观在传统文化中根深蒂固。只有审视马克思主义与传统文化的对应关系，才能对社会主义核心价值观进行深刻解读，使其深入人心。因此，弘扬社会主义核心价值观尤为重要。弘扬社会主义核心价值观应根植于中华优秀传统文化之中。我们应探索传统文化与马克思主义之间的内在联系，促进中华优秀传统文化和传统美德的传承与发展，从而增强中华民族的文化自信。一个民族的文化自信，是源自其人民在历史长河中共同努力的结果。历史并非由少数有影响力的人物所左右，而是由一个民族在长期历史进程中团结一致的力量所塑造。因此，中华民族的文化自信并非由少数中国共产党人或个别社会组织、团体所能塑造，它是全体中华民族共同的事业和责任。

中华民族的文化自信深埋在中华民族的优秀传统文化中，源于对马克思主义的信仰和时代潮流的变化。中华优秀传统文化是根植于民族历史和现实土壤的本土文化，几千年来不断自我重建、自我继承、自我发展。它的优势使它能够离开封建主义的土壤，在新时代继续扎根和发展。马克思主义理论始终指引着共产党人为争取和平而斗争的历程，是其行动的根本指导思想。无论是民族的优秀传统文化，还是作为立国之本的马克思主义理论，都是中华民族所必需的。因此，增强我国文化自信的重要途径之一就是实现两者的高度融合，即指导思想与民族文化的融合。

将中华优秀传统文化中蕴含的丰富道德资源纳入社会主义主流价值体系。中华文化是一种蕴含丰富道德资源和伦理思想的文化。作为中国传统文化基础的儒、释、道，提出了许多具有启发性的道德观念。儒家哲学的基础是“仁”的概念。儒家强调“仁”的基本价值，描述为“仁者爱人”。道家主张“上善若水”的道德观念和“自然”“清净”“无为”之道。佛教主张“因果报应”“慈悲”和“五戒十善”的概念。[2]尽管这些道德概念中

[1] 王绍哲．推动社会主义核心价值观融入企业文化建设 [J]. 企业文明，2024（7）：77.

[2] 张威．中国传统文化的价值生态及其现代性道德资源意义 [J]. 新疆社会科学，2011（1）：5-8，141.

一部分在现代社会已逐渐淡出使用，但更多的能够融入社会主义核心价值体系之中，为塑造国家正确的义利观、激励个人自强不息的人生态度、弘扬家庭中的尊老爱幼传统、促进邻里间的互敬互助氛围、维护政治领域的纯洁自律，以及强化每个人都是国家主人翁的责任感，发挥着不可或缺的作用。

培育和弘扬社会主义核心价值观，要立足于中华优秀传统文化，抛弃传统，丢弃根基，就是切断了精神命脉。将中国传统文化的道德伦理教育资源融入社会主义核心价值观体系，除了对当代社会的道德危机和精神困境有一定的缓解意义外，还有助于将马克思主义基本原理深度融入中华优秀传统文化中，增强中华民族的认同感和自信心。进入新时代，将传统文化和德育资源融入社会主义核心价值体系，有助于增强中华民族的认同感和自信心。坚持以社会主义核心价值观引领文化建设，极大地增强了民族的士气和民族自信心。

2. 提升我国公民道德素质

传统文化，无论是儒家、道家还是佛教，其共同点是通过调整自己的精神世界来实现与外部世界的和谐。同时，传统文化是一种以孝敬为基础的伦理文化，以反思为手段，确立共同生活的原则。马克思主义中国化理论的实质是解决中国应该走哪条路，以及中国未来发展的方向是什么的问题。中国的发展方向不仅要符合世界大趋势，而且要有自己独特的目标。无论是中国在新民主主义革命时期提出的社会主义道路，还是今天在改革开放时期开辟的中国特色社会主义道路，这些价值观都是由中国独特的历史和文化决定的。马克思主义中国化不仅要遵循马克思主义的基本要求，还必须与中国人民的价值观相一致。

现代中国马克思主义发展的价值目标，应该是那些浸透了中国文化的价值取向、具有中国文化独特性的价值目标。换言之，中国马克思主义的价值目标是马克思主义的价值目标与中华优秀传统文化的价值目标相融合的结果，最终是反映马克思主义指导下的中国人民愿望的价值目标。考察马克思主义与中国传统文化的对应关系，可以发现传统文化中有利于社会的积极伦理因素，这对稳定我国的社会治安，改善老龄化带来的社会问题有积极意义。

3. 是筑牢共产主义远大理想和社会主义共同理想的实践纽带

实现人的完全自由和完全解放是马克思哲学思想的主线。实现人的自由和解放是马克思政治哲学的核心，也是马克思毕生为之奋斗的目标。无产阶级运动并非一种单纯"意识高于一切"的革命运动，而是蕴含着共产主义的远大目标。在马克思的经典著作中，从资本主义到共产主义的过渡被描绘为一个需要经历漫长过渡期的社会形态，这便是马克思主义经典理论中所提出的社会主义时期。社会主义的实践，彰显了共产主义者的坚定信念。共产主义的远大理想和社会主义的阶段目标是相互联系、接续发展的。它们是部分与整体、阶段目标与终极目标的关系。在具有中国特色的社会主义的具体实践中，这两个概念是统一的。找到马克思主义和中华优秀传统文化的思想渊源，实现两者的高度契合相通，是实现中国特色社会主义共同理想和共产主义伟大理想的成功实践路径。[1]

第四节　马克思主义与中华优秀传统文化融合的着力点

一、明确二者关系的本质认知

（一）强化马克思主义的一元指导地位

1. 强化马克思主义在党员干部思想中的一元指导地位

以马克思主义为指导是中国共产党保持思想先进性的关键所在。党在

---

[1] 陈骁缘. 新时代中华优秀传统文化同马克思主义哲学原理的契合相通研究 [D]. 大庆：东北石油大学，2023：40.

思想上的先进性通过党员干部思想上的先进性来体现，内在要求党员干部以马克思主义武装头脑，为其提供思想指导。对青年党员干部进行思想教育，可以通过中华优秀传统文化来拓宽认知空间，帮助青年党员干部净化思想，实现精神品质的提升。[1]尤其是在中国这样一个人口大国，在党员干部占有极高比例的情况下，抓住党员干部这一关键群体，在党员干部思想中厚植马克思主义的一元指导地位，对于充分发挥马克思主义的思想引领作用，帮助党员干部树立相关正确的认识，有着无法取代的重要意义。

第一，增强理论学习的效果。应结合实际情况，推动个人自学与集中学习、理论交流与实践探讨、请进来辅导与走出去考察等学习方式的结合，充分发挥个人、组织、专家等多方学习合力，增强理论学习的实际效果。

第二，做好理论学习的典型示范。应在推动理论学习过程中发现一批模范，培养一批骨干，树立理论学习的先进典型，发挥其模范带头作用，进而以一带多，以点带面。

第三，加强理论学习的制度建设。应树立高度的制度意识，积极探索新机制，建立健全党员干部理论学习的交流制度、考核制度、激励制度等，推进理论学习制度化、规范化，进一步促使党员干部学习理论常态化。

2. 强化马克思主义在知识分子思想中的一元指导地位

知识分子掌握着一定的科学文化知识，具有专业的技能，通常在各领域发挥着重要作用。[2]从事科学研究、教育教学、文化传播、艺术创作等工作的知识分子群体，承担着创造、积累、传播专业思想文化知识的重任，在社会中居于十分重要的位置。知识分子与人民群众的现实生活有着

---

❶ 朱爱民．中华优秀传统文化融入农村青年党员干部思想教育的方法与实践 [J]. 办公室业务，2023（20）：29.

❷ 李雪薇．新中国成立初期党外知识分子思想政治教育研究 [D]. 西安：西安石油大学，2023：3.

千丝万缕的联系，知识分子的思想动态和意识倾向往往会对国家和社会的发展进步产生极大影响。马克思主义在中国的早期传播以及马克思主义中国化的接续进行，先进知识分子一直发挥着重要作用。知识分子自觉以马克思主义为其思想指导，不仅有助于帮助其自身在理论研究工作中树立相关正确的认识，还有助于帮助他人形成正确的思想认知。

一方面，各级党政领导干部应积极主动地与知识分子交往，善于与他们沟通交流，及时了解他们的思想动态，引导他们正确认识问题，转变思想观念。应充分尊重、信任知识分子，对于他们的认识偏差甚至错误观点，应持包容态度，坚持晓之以理，灵活运用沟通、协商、谈心等多种方式做好说服教育工作。

另一方面，知识分子自身应提高政治站位和思想站位，增强历史主动性。知识分子有思想、有主见，往往更有能力，更愿意就一些思想层面的问题进行探讨，发表自己的见解。同时，广大知识分子作为工人阶级的重要组成部分，应当心怀国家、顾全大局，始终秉持国家至上、人民至上的原则，坚守正道、追求真理，无论何时何地都要多为党和人民的事业发展献计献策，始终恪守知识分子的道德良知。

3. 强化马克思主义在青年思想中的一元指导地位

青年最具活力，最有闯劲。青年作为生力军，其思想动向往往关系到国家的发展和社会的进步。虽然青年的思想活跃，但是并不稳定，极易受到社会上各种各样复杂社会思潮的影响，更加需要精心的思想引导。正是基于这一点，应根据青年的思想特点，从青年的思想上入手，在青年的内心深处厚植对马克思主义的信仰。❶

第一，推动马克思主义宣传教育向生活化、具体化、形象化转变，提升理论的亲和力和感染力。应从青年的实际生活出发，立足生动鲜活的社会现实，增强理论对于现实的解释力，缩短理论与现实的距离。应通过青

---

❶ 杨晓慧．习近平青年价值观教育思想论要 [J]. 马克思主义研究，2017（11）：124-133，160.

年易于接受的方式，将马克思主义者的先进事迹和崇高思想演绎出来，充分发挥榜样的思想引领作用。

第二，牢固树立网络意识，推进马克思主义传播与互联网深度融合。应在坚持传统信息传播渠道的同时，通过微博、微信公众号、短视频等网络传播渠道或平台，加大对青年进行马克思主义宣传教育的力度。应通过网络传播渠道，加强与青年的双向互动，及时了解青年的思想动态，有针对性地进行思想引导。

第三，找准切入点，以党史学习教育为抓手，在其常态化、长效化推进过程中持续提升青年的理论认同。应紧密结合百年党史，讲好党的理论创新故事，加强青年对于党的百年理论创新史的认识，促使青年学史增信，知史立信。

（二）回击曲解二者关系的错误性认识

新时代强调把二者相结合，始终坚持以马克思主义为主导，坚持运用马克思主义立场、观点和方法对中华优秀传统文化进行鉴别、汲取、改造、提升，既不断吸收中华优秀传统文化中的精华，继续推进马克思主义中国化，又不断推进中华优秀传统文化“两创”。新时代继续推进二者相结合，有必要对曲解二者关系的错误性认识进行回击，进一步凝聚共识。[1]

第一，相关理论和文化工作者应加强对相关权威论述的学习，切实把握主流认识的真义。深入研究中国共产党百年以来处理二者关系上的理论和实践，真正把二者关系历史演进的内在逻辑梳理清楚，真正把应该如何认识和处理二者的关系弄明白。

第二，相关理论和文化工作者应坚定理论立场，自觉维护主流认识的权威。针对一些有意歪曲二者关系的错误性认识，相关理论和文化工作者

[1] 荣开明.关于马克思主义中国化“两个相结合”四个问题的讨论[J].江汉论坛，2022（9）：50-58.

不能视而不见，而是要主动亮剑，直面谬误。相关理论和文化工作者应积极运用和发挥自身的专业优势，对于相关错误性认识进行条分缕析，抽丝剥茧，运用透彻的学理分析和充分的历史事实批判、驳斥各种干扰人们形成正确认识的错误思潮。

第三，相关理论和文化工作者应秉持着坚定的理论自信和文化自信，充分利用各种渠道、各种平台，积极发声，不断扩大主流认识的影响力。通过传播扩散关于二者关系的主流认识，引导人们形成正确的思想认知，增强人们的思想免疫力，进一步消解各种错误思想认识对人们的干扰和侵袭。

第四，相关部门应努力凸显党性原则，加强党对意识形态工作的领导，牢牢把握意识形态工作领导权。各级相关工作部门应坚持守土有责、守土负责、守土尽责，按照属地管辖的原则，严格落实好党管意识形态的相关工作制度，自觉承担起党管意识形态的主体责任。

第五，相关部门应加强网络信息监管，积极进行网络舆情监测，建立便捷高效的预警机制和预防机制，及时发现歪曲二者关系的错误性认识，对其进行节节狙击，进一步阻止其在网络空间肆意传播扩散。

第六，相关部门应选优配强意识形态工作队伍，着力打造一支政治立场坚定、理论基础扎实、善于上网用网、业务水平精湛的意识形态工作铁军，着力发现和培养一批历史知识丰富、理论素养深厚、熟悉网络传播的专业人才。充分发挥这两支队伍的合力优势，以扩大“权威发布”的影响力和覆盖面。

二、推动两大研究领域深化合作

（一）加强两大学术共同体之间的交流对话

从理论研究的角度来说，“第二个结合”的理论研究主要涉及两个学术共同体：①致力于马克思主义理论研究和宣传的马克思主义理论工作者群体；②致力于中国传统文化研究和弘扬的文化研究者群体。[1]长期以来，由于一些主客观因素的制约，两大学术共同体间处于一种相对疏离的状态。因此，加强两大学术共同体之间的交流对话，进一步增进二者的相互认识，就显得尤为重要。为此，需要为两大学术共同体创设良好的沟通交流平台，为两大研究领域的研究队伍提供更多的交流对话机会，以增进双方对彼此的了解。

一方面，相关单位或学会应积极发挥学术论坛或理论研讨会的桥梁、纽带作用，围绕议题设置，适当扩大人员邀请范围，有意识地主动邀请一些与“第二个结合”理论研究密切相关的研究人员。有关马克思主义理论研究的学术会议，就可以根据理论研讨的实际需要，适当邀请一些在传统文化研究方面具有精深专业造诣和深厚理论功底的专家学者。同样，一些关于传统文化研究和弘扬的学术会议也应该适当邀请马克思主义理论研究者参与进来，进一步促使从事不同研究方向的学者加强对话、汇聚智慧、增进友谊、加深情感。

另一方面，相关研究者自身应积极走出专业学习的“小圈子”，不断拓宽专业学习的视野。通过学术沙龙、学术研讨会、学术讲座、学术论坛等多种多样的渠道和平台加强与其他学者的沟通交流，既有助于相关研究者加强对其他研究领域的了解，丰富和扩大自己的知识面，也有助于与其他研究者建立良好的友谊，从而为两大学术共同体携手展开合作奠定基础。

（二）引导两大研究领域开展学科交叉研究

“第二个结合”作为新时代中国共产党提出的新命题，迫切需要以新的视野、新的方法推进党的理论研究工作，以不断产生新的理论、新的思想。随着学界研究水平的不断提升，继续推进“第二个结合”可以采取多种方式来推动其理论研究工作，进而实现理论创新。从当代自然科学和社

[1] 黎康．理论创新视域下“两个结合”的内在意蕴辨析 [J]. 江西社会科学，2022，42（4）：13-22.

会科学发展的主导趋势来看，学科交叉研究不失为一种最佳途径。事实上，无论是自然科学，还是社会科学，创新性成果往往多产生于学科交叉研究之中。这也正是众多资深研究者在具体研究工作中长期坚持并反复强调要在理论研究中注重学科交叉的原因所在。

“第二个结合”涉及的两大研究领域内在包含了多个学科。就马克思主义研究而言，马克思主义理论一级学科下属的二级学科，如：马克思主义基本原理、马克思主义中国化研究、中国近现代史基本问题研究等，都跟“第二个结合”有着密不可分的关系。从中华优秀传统文化的研究来看，它又涉及汉语言文学、古典文献学、传播学等学科。从二者的学科共性来看，“第二个结合”也需要马克思主义哲学、中国哲学等哲学学科的介入。在很大程度上，引导两大研究领域积极开展学科交叉研究，对于新时代继续推进“第二个结合”，不断取得该项理论命题和实践课题的实质性进展有着重大意义。[1]

引导两大研究领域开展学科交叉研究，需要重点把握好以下三点：

第一，相关课题管理部门应鼓励两大研究领域携手展开课题研究，打破学科壁垒，优化相关研究课题中的人员结构，促使双方研究队伍你中有我、我中有你。在有关“第二个结合”的课题评审过程中，课题管理部门应适当考虑所申报课题研究人员设置的合理性，并将其作为课题评审、立项的一个重要衡量标准，以课题来牵引两大研究领域加强合作，进行学科交叉研究。

第二，相关课题管理部门应制定一定的激励措施，营造相对宽松的学科交叉研究环境。应综合考量与“第二个结合”有关的重大课题、重点课题等开展学科交叉研究的复杂程度和难度，在研究经费的资助、研究课题结项时间的规定和课题结项成果的验收等多个方面给予一定的扶持，减轻相关研究人员的工作压力。

---

[1] 马瓈婧，马吟秋．新文科学科交叉融合的体系建设与路径探索[J]. 南京社会科学，2022（9）：156-164.

第三，相关高校和科研院所的科研管理部门应积极发挥组织优势，对于获准立项“第二个结合”相关课题的申报者和研究团队予以大力支持。相关科研管理部门应优化学科交叉研究管理，建立以学科交叉研究为导向、以课题为纽带、以任务为中心的资源配置机制，在课题研究所需的资源调配和人才的协调上提供有力的组织保障，充分释放课题研究所需要的各种研究要素的活力。

（三）深化两大研究领域人才联合培养合作

人才联合培养是促使两大研究领域融合发展的重要方式。它不仅能够增进两大研究队伍之间的交流，进一步扭转两大研究领域长期以来存在的疏离现象，更为重要的是它还有助于为“第二个结合”的理论研究工作注入源源不断的新鲜血液。推进二者相结合是一项长期工程，充分的人才供应是实现二者相结合的必要条件。从数量上看，既具有深厚马克思主义理论素养，又熟稔中华优秀传统文化的人才少之又少。从结构上看，真正贯通二者精髓要义的人才多集中在中年、老年群体，青年人才极其匮乏，人才结构尚不合理。从质量上看，硕博阶段的学生专业背景较为复杂，专业培养不连贯，整体水平还有待提升。新时代继续推进二者相结合的理论研究工作，仍需大力培育贯通二者精髓要义的通才。❶

深化两大研究领域人才联合培养合作，应从完善学生的知识结构、优化研究生的培养方式、举办跨学科学术活动三个方面着手。

1. 完善学生的知识结构

第一，知识结构的完善需要科学合理的课程体系作为基础。课程体系的设计应当既有广度，又有深度，涵盖基础知识、专业知识以及跨学科知识。基础知识是学生掌握各类知识的起点，是进一步学习的基石；专业知识是学生在特定领域内深入发展的核心内容；跨学科知识则有助于学生打

---

❶ 庞立生．马克思主义理论学科人才培养的三重维度 [J]. 马克思主义理论学科研究，2024，10（2）：120-127.

破学科壁垒，形成综合性的思维模式。通过科学合理的课程设置，使学生在学习过程中既能够夯实基础，又能够在专业领域内深入探索，同时具备跨学科的视野和能力。

第二，知识结构的完善需要注重学生自主学习能力的培养。教育的最终目标是培养学生自主学习和终身学习的能力。在完善知识结构的过程中，应当尊重学生的主体地位，激发学生的学习兴趣和求知欲望，培养学生自主学习的习惯和能力。教师应当在教学中扮演引导者和启发者的角色，帮助学生掌握科学的学习方法和策略，提高学生的自我管理能力和自主学习能力。通过自主学习，学生能够根据自身的兴趣和需求，选择适合自己的学习内容和学习方式，从而在更大程度上完善自己的知识结构。

第三，知识结构的完善需要注重理论与实践的结合。理论知识是学生理解和掌握事物本质和规律的基础，而实践则是检验和应用理论的关键环节。在知识结构的构建过程中，应当注重理论与实践的有机结合，通过实验、实习、项目研究等多种实践活动，使学生在实际操作中深化对理论知识的理解和掌握，培养学生解决实际问题的能力。通过理论与实践的结合，学生不仅能够掌握系统的理论知识，还能够在实践中积累丰富的经验，提升自身的综合素质和能力。

第四，知识结构的完善需要注重多样化的教学方式和手段。随着信息技术的发展，教学方式和手段也在不断创新。在完善知识结构的过程中，应当充分利用现代教育技术手段，通过线上线下相结合的方式，丰富教学内容和形式，提高教学效果。利用多媒体技术、网络课程、虚拟实验室等现代教育手段，能够为学生提供更加丰富的学习资源和学习体验，激发学生的学习兴趣和主动性，提高学生的学习效果和知识掌握程度。

第五，知识结构的完善需要注重国际化视野和跨文化能力的培养。在全球化背景下，国际化视野和跨文化能力是现代人才必备的素质。在知识结构的构建过程中，应当注重引入国际化的教育内容和教学资源，通过国际交流与合作、双语教学、国际课程等多种途径，拓展学生的国际视野，增强学生的跨文化交流能力。通过国际化的教育，学生能够了解和掌握国际前沿知识和技术，提升自身的国际竞争力和适应能力。

第六，知识结构的完善需要注重德智体美劳全面发展。知识结构不仅是知识的积累，更是全面素质的体现。在知识结构的构建过程中，应当注重德智体美劳全面发展，培养学生的综合素质和能力。通过德育，培养学生的道德品质和社会责任感；通过智育，提升学生的智力水平和思维能力；通过体育，增强学生的身体素质和健康水平；通过美育，培养学生的审美情趣和人文素养；通过劳动教育，培养学生的劳动技能和实践能力。通过德智体美劳全面发展的教育，学生能够在各个方面都得到全面提升和发展，形成完整而全面的知识结构和综合素质。

2. 优化研究生的培养方式

第一，优化研究生的培养方式需要转变教育理念，强调以学生为中心的教育模式。传统的导师制虽然在专业知识传授和科研能力培养方面具有一定优势，但在一定程度上存在单一化、封闭化的弊端。现代研究生教育应当以培养创新型、复合型人才为目标，注重学生的个性发展和自主学习能力的培养。在这种教育理念的指导下，研究生培养模式应当更加灵活和多样化，充分尊重学生的学术兴趣和发展需求，为其提供多元化的发展路径和成长空间。[1]

第二，优化研究生的培养方式需要构建“双导师”联合培养机制。双导师制是指在传统单一导师制的基础上，引入第二导师，形成由两位导师共同指导研究生的培养模式。这种模式可以将不同导师的学术专长和研究生的学术兴趣、研究方向有机结合起来，发挥不同导师的联合培养优势，拓宽研究生的学术视野和研究思路。双导师制不仅可以减轻单一导师的指导压力，还能够促进学科交叉和学术创新，培养研究生的综合素质和创新能力。

---

[1] 刘勇，宁宇涵.新时代马克思主义理论学科本硕博一体化人才培养的现状及实践进路[J].学校党建与思想教育，2024（21）：24-28.

第三，优化研究生的培养方式需要加强跨学科交流与合作。现代科学研究越来越呈现出跨学科、跨领域的趋势，单一学科的知识和方法往往难以解决复杂的科研问题。因此，研究生培养应当注重跨学科交流与合作，通过跨学科的课程设置、联合培养计划、合作研究项目等途径，促进研究生在不同学科领域的学习和实践，培养其跨学科思维和创新能力。通过跨学科的交流与合作，研究生能够在不同学科的交叉点上找到新的研究方向和创新点，提升科研水平和学术竞争力。

第四，优化研究生的培养方式需要注重实践能力和创新能力的培养。研究生教育不仅要传授理论知识，更要注重实践能力和创新能力的培养。在研究生培养过程中，应当加强实践教学环节，通过实验、实习、社会实践、科研项目等多种形式，提升研究生的实践能力和创新能力。通过与企业、科研机构、政府部门等多方合作，为研究生提供更多的实践机会和创新平台，帮助其在实践中积累经验、提升能力、实现创新。实践教学不仅有助于研究生掌握理论知识，更能够培养其解决实际问题的能力，增强其社会适应能力和就业竞争力。

第五，优化研究生的培养方式需要完善评价机制和激励机制。评价机制和激励机制是研究生培养质量的重要保障。在优化研究生培养方式的过程中，应当建立科学合理的评价体系，对研究生的学术能力、创新能力、实践能力等方面进行全面评价。评价体系应当注重过程评价和结果评价相结合，通过阶段性考核、综合性评价等多种方式，全面反映研究生的学习和科研情况。同时，应当建立激励机制，通过奖学金、科研基金、评优评先等多种途径，激励研究生积极进取、努力创新，提升其学习和科研的积极性和主动性。

第六，优化研究生的培养方式需要加强导师队伍建设。导师是研究生培养的核心力量，导师队伍的建设对研究生培养质量具有决定性影响。在优化研究生培养方式的过程中，应当加强对导师的培训和考核，提高导师的教学和科研水平。通过开展导师培训、学术交流、教学评估等多种形式，提升导师的指导能力和水平。同时，应当加强导师的职业道德教育，树立良好的师德师风，营造尊师重教的良好氛围。通过加强导师队伍建设，提升导师的指导能力和水平，为研究生提供更加优质的培养环境和指导服务。[1]

3. 举办跨学科学术活动

第一，举办跨学科学术活动有助于打破学科壁垒，促进知识的交叉融合。现代科学研究越来越呈现出跨学科、跨领域的趋势，单一学科的知识和方法往往难以解决复杂的科研问题。通过举办跨学科学术活动，可以将不同学科的专家学者和青年学生聚集在一起，促进不同学科之间的交流与合作，推动知识的交叉融合。跨学科交流不仅能够拓宽研究者的视野，启发新的研究思路，还能够为解决复杂的科研问题提供新的方法和途径，推动学术创新和科研进步。[2]

第二，举办跨学科学术活动有助于推动学科交叉和学术创新。学科交叉和学术创新是现代科学研究的重要特征和发展趋势。通过跨学科学术活动，可以将不同学科的知识和方法有机结合，推动学科的交叉和融合，形成新的研究方向和学科领域。跨学科学术活动不仅能够拓宽学术研究的视野，还能够为学术创新提供新的动力和源泉。

第三，举办跨学科学术活动有助于提升学生的综合素质和就业竞争力。跨学科学术活动为学生提供了一个多元化的学习和实践平台，帮助他们在学习中培养综合素质和能力。通过跨学科学术活动，学生可以接触不同学科的知识和方法，拓宽知识面，提升综合素质和能力。这种综合素质和能力不仅有助于学生在学术研究中取得优异成绩，还能够提升其就业竞争力和社会适应能力，为未来的职业发展打下坚实的基础。

---

❶ 刘勇，宁宇涵．新时代马克思主义理论学科本硕博一体化人才培养的现状及实践进路 [J]. 学校党建与思想教育，2024（21）：24-28.

❷ 郑永廷．马克思主义理论学科建设的发展与任务 [J]. 思想政治教育研究，2013，29（1）：8-12.

第四，举办跨学科学术活动有助于推动教育教学改革和学科建设。跨学科学术活动为教育教学改革和学科建设提供了新的思路和方法，可以促进教育教学的改革和创新，推动学科建设的发展和进步。

第五，举办跨学科学术活动有助于增强学术界的合作和联系。跨学科学术活动为学术界提供了一个交流和合作的平台，促进学术界的合作和联系。通过跨学科学术活动，学者可以加强交流和合作，分享研究成果和经验，推动学术研究的发展和进步，进而促进知识的传播和应用，推动科技进步和社会发展。

第六，举办跨学科学术活动有助于提升高校的学术声誉和影响力。跨学科学术活动为高校提供了一个展示和提升学术水平的平台，帮助高校提升学术声誉和影响力，增强其竞争力和影响力。

三、加强二者相结合精髓要义的研究

（一）摆脱以往停留在研究二者融通契合点上的思维定式

长期以来，在关于二者相结合精髓要义的理论研究上，相关研究者存在一个较为明显的固化思维，就是往往过多地停留在探讨二者的融通契合之处，而不是在把握二者内在差异性的基础上进一步研究二者能够互补的内容。客观而言，马克思主义能够扎根中国，成为党和国家的长期指导思想，必然与中华优秀传统文化有着诸多共通之处。任何思想文化，无论它多么优越，都是人的创造物。人创造了思想文化，也决定着它的发展前途和命运。中国人选择马克思主义，一个基本的前提就是马克思主义与中国人的思想理念和价值观念有着这样或那样的联系和契合。

能够实现有机结合的双方，一定是有差异的双方，谈双方的相结合才更有价值和意义。在很大程度上，研究二者的融通契合之处只是在进行理论阐释和理论辩护。尽管这是一项十分重要的研究工作，但是它并不完全符合理论创新的逻辑。就理论研究层面而言，加强二者相结合精髓要义的研究，一方面要根据新时代中国共产党人提出的新命题进行理论阐释和宣传，另一方面也需要围绕新的理论命题推出一批具有创新性的理论成果。相关理论研究者只是停留在研究二者的融通契合点上，这对于新时代继续推进“第二个结合”理论研究工作来说是有所缺憾的。相关研究者应摆脱以往停留在研究二者融通契合点上的思维定式。[1]

第一，深入领会新时代中国共产党提出“第二个结合”理论命题的真正内涵。紧密结合党的最高领导人关于“第二个结合”的相关论述，完整、准确、全面理解和贯彻“第二个结合”的理论逻辑。

第二，加强“第二个结合”理论研究的文献收集和梳理。相关理论研究者应通过各种渠道和方式，深入了解相关专家学者在“第二个结合”理论研究工作上取得的成果和整体概况，及时学习、掌握“第二个结合”理论研究工作的最新成果和研究进展。通过文献梳理，进一步发现既有研究存在的不足，在前人研究的基础上继续展开相关理论研究。

第三，相关研究者自身应增强理论研究的志气、骨气和底气，发扬创新精神，以创新思维推进“第二个结合”的理论研究工作。相关研究者应不满足于既有研究，敢于根据不断变化的事实和自己的思考，站在既有研究的基础上，探寻新的研究思路，提出新方法、新观点。

（二）深入挖掘中华优秀传统文化中蕴含的先进思想理念

中华优秀传统文化是“第二个结合”理论命题明确指向的所要“结合”的对象。既然是同中华优秀传统文化结合，就必然需要探讨将中华优秀传统文化中的什么内容同马克思主义相结合。中华优秀传统文化是中华民族的智慧结晶，对当代中国与当今世界的发展都具有深刻的指导作用。[2]如果只是泛泛而谈地同中华优秀传统文化进行结合，势必会使得“第二个

---

❶ 类成文．马克思主义与“两个结合”——第三届马克思主义中国化高峰论坛综述 [J]. 湘潭大学学报（哲学社会科学版），2022，46（1）：192.

❷ 宋贵伦，郭悦．中华优秀传统文化的国际传播策略研究 [J]. 传媒，2024（16）：52.

结合”的理论研究工作没有重点可循，进而导致相关的理论研究陷入无序状态，妨碍“第二个结合”的理论研究工作取得实质性进展。加强二者相结合精髓要义的理论研究，在客观上需要深入挖掘中华优秀传统文化蕴含的先进思想理念。

关于深入挖掘中华优秀传统文化蕴含的先进思想理念，第一，表现在“讲仁爱、重民本、守诚信、崇正义、尚和合、求大同”六个主要方面；第二，体现为天人合一、自强不息、厚德载物、为政以德、革故鼎新、实事求是、知行合一、群策群力、俭约自守、居安思危等三十余种思想理念。相关理论研究者应以此为遵循，重点挖掘和深入阐发这些先进思想理念，真正找准结合点，扎实推进“第二个结合”的理论研究。

四、调动二者相结合的人民主体力量

（一）牢固树立和践行以人民为中心的研究导向

只有以人民为中心，哲学社会科学才能受到人民的拥护和支持，才能保证其在发展过程中始终具有感召力和生命力。脱离了人民，哲学社会科学就如同无源之水、无本之木。以人民为中心，既是我国哲学社会科学工作者共同的原则遵循，也是新时代继续推进“第二个结合”需要牢固树立和践行的研究导向。[1]

第一，站稳人民立场。人民立场是新时代继续推进“第二个结合”理论研究所要坚持和遵守的根本立场。无论是从马克思主义的本质属性来看，还是从中华优秀传统文化现代化转型的价值理念来说，“第二个结合”的出发点和落脚点都是为了更好地维护和实现人民的利益。从事“第二个结合”研究的哲学社会科学工作者应始终站稳人民立场，深刻把握人民创造历史的根本观点，以服务最广大群众为学术使命，始终不渝为人民福祉而治学求真。

---

[1] 张富文．论“以人民为中心”思想的基本向度[J]. 科学社会主义，2017（2）：25-29.

第二，提升问题意识，不断回答和解决人民之问。“第二个结合”的百年历史表明，这项工作的推进始终与回答和解决人民之问亦步亦趋。百年来，中国共产党人在推进“第二个结合”上取得的理论成果皆是在回答和解决人民之问过程中产生的。这些理论成果最终皆转化成党和人民事业发展的思想指导，发挥着巨大的实践伟力。相关哲学社会科学工作者应当自觉在推进“第二个结合”的理论研究上秉持高度的问题意识，走出书本、书斋，走入生动鲜活的社会实践，广泛开展调查研究，在人民和社会中发现真问题，切实回应和解决人民真正关心的现实问题，做出真学问、大学问。

第三，虚心向人民学习，发扬人民的首创精神。广大人民群众直接从事和参与具体的社会实践活动，拥有无穷的生活智慧和实践经验。相关从事“第二个结合”理论研究工作的哲学社会科学工作者应当自觉以“小学生”自居，始终保持谦虚谨慎的学习态度，虚心向人民群众学习。通过诚恳地与人民群众进行交流，从人民群众生动的实践创造中提炼经验，从人民群众的鲜活思想中汲取营养，不断完善研究思路，改进研究方法。

（二）畅通优秀思想文化与人民群众互动的渠道

优秀思想文化只有与人民群众交流互动，为人民群众所掌握，才能更好地掌握群众，发挥其巨大力量。[1]畅通优秀思想文化与人民群众互动的渠道，不断提升人民群众的理论素养和文化素养，有助于更好地调动“第二个结合”的人民主体力量，形成新时代继续推动“第二个结合”的磅礴合力。

第一，扎实推进各式各样的宣讲教育活动，加大优秀思想文化下沉至基层的力度。通过加强顶层设计、优化队伍建设、完善制度保障等，进一步推动优秀思想文化的传播弘扬。例如，引导、鼓励理论工作者和文化工

[1] 薄其圣.人民主体与“第二个结合”[J].山东人大工作，2024（12）：60-61.

作者深入基层、走近百姓，来到城乡广场、田间地头、庭前树下，及时捕捉和加工百姓身边生动鲜活的故事素材，通过采取与百姓面对面的聊天式宣讲、互动式答疑等形式，实现优秀思想文化与广大人民群众精神文化需要的有效对接。

第二，融思想于文艺，融文化于作品。相较于宣讲教育活动，人民群众更加喜闻乐见各式各样的文艺活动和文艺节目。把优秀的思想文化融入文艺，既有助于满足广大人民群众的精神文化需要，又能够有效促进优秀思想文化进入人民群众的头脑和内心。因此，应注重引导广大文艺工作者始终坚守人民立场，追求向上向善，秉持守正创新的思想自觉和文化自觉，不断创作、推出真正有思想、有道德、有温度的文艺精品，以优秀思想文化吸引人、感染人、培育人。

第三，准确把握新媒体时代信息传播的新特点，加强优秀思想文化的网络传播。随着互联网越来越深入人们的学习、生活、社交、工作和娱乐，互联网已经成为了多元信息的集散地、人们精神生活的新空间。因此，需要创新管理理念，加强内容建设，依托新兴传播媒介构筑优秀思想文化的全媒体传播体系。

例如，根据人们接收信息资讯越来越碎片化这一特点，灵活运用抖音、快手等短视频平台，多提供鲜活快捷、微言大义的信息，及时将党的创新理论和健康向上的文化内容呈现在网络平台上，以优秀的思想文化潜移默化地熏陶和感染群众。此外，应鼓励理论工作者和文化工作者多上网、用网，加强与网民的交流互动，既能够及时回应和解答人民群众的思想困惑，又可以从人民群众中汲取智慧和无限创造力。

第五节　马克思主义与中华优秀传统文化融合的机理

马克思主义同中华优秀传统文化相结合具有深刻的内在机理：两者相

结合的前提是彼此契合，两者相结合的结果是相互成就，两者相结合的意义是以中国式现代化的文化形态铸就中华民族现代文明。[1]

一、马克思主义与中华优秀传统文化相结合的内在依据

（一）马克思主义与中华优秀传统文化相异互补

1. 马克思主义与中华优秀传统文化具有差异性

马克思主义基本原理和中华优秀传统文化之间的首先是“异”，但是这并不能作为二者没有结合的可能性的依据，相反的是为二者的结合提供了更多的思路和可能。在推进二者相结合的过程中需要牢牢坚持马克思主义的指导地位，推动中华优秀传统文化创造性转化和创新性发展、推进马克思主义和中华优秀传统文化相融相通、立足实践积极回应时代之问。[2]正是因为二者之间存在的差异，使得二者面对各种问题时探讨的角度以及回应的侧重不同。

（1）历史背景的差异

马克思主义作为欧洲近代工业文明的思想产物，与植根于五千年农耕文明土壤的中华优秀传统文化，在文明基因、历史演进逻辑及价值生成机制层面存在本质性差异。[3]马克思主义诞生于19世纪初期的欧洲，其产生背景是工业革命的推进和资产阶级的崛起。工业革命的发展使得生产力迅速提高，但同时也暴露出资本主义制度下的严重矛盾和不平等现象。马克思主义的主要目标就是反对旧制度下的剥削和压迫，实现无产阶级的解放和共产主义社会的构建。换言之，它所要解决的时代问题是“人的解放”

[1] 张宜海．马克思主义基本原理同中华优秀传统文化相结合的历史演进、内在机理和实践路径[J]．湖南科技大学学报（社会科学版），2023，26（6）：105.

[2] 汪云芳．马克思主义和中华优秀传统文化相结合的实践进路[J]．中国军转民，2024（13）：191.

[3] 郑飞．马克思主义基本原理同中华优秀传统文化相结合的历史与逻辑[J]．哲学研究，2021（12）.

问题。其实质就是对资本主义进行批判和扬弃。相比之下，中华优秀传统文化则源远流长，可以追溯到远古时代的商周时期。中国古代是一个以农耕为主的社会，封建社会的形成更加深了各个阶层之间的阶级矛盾。中国传统文化处在中国封建制度的大环境下，其文化特征集中表现为儒家、道家和佛教文化三大学派的融合。中国传统文化强调礼仪、节俭、孝顺等价值观念，并注重个人修养和人际关系的处理。以儒家文化为例，它要解决的时代问题是巩固小农经济基础、维护君主制度、维护儒学独尊等。

（2）阶级属性的差异

马克思主义以无产阶级的历史使命为理论基点，将无产阶级解放运动阐释为追求人类整体福祉的普遍性社会实践，并揭示阶级矛盾运动构成社会形态演进的核心驱动力。[1]在资本主义制度下，社会结构是由各种阶级之间的关系所构成的。资产阶级占有生产手段并且剥削无产阶级的劳动力，导致了阶级矛盾的激化。只有通过无产阶级革命来推翻资本主义，才能建立无产阶级专政，最终实现共产主义的目标。马克思主义具有明确的阶级属性，其目的是维护无产阶级的利益。中华优秀传统文化的发展背景是封建社会，以儒家思想为代表的中华优秀传统文化是由封建统治阶级创造的，其阶级属性主要体现为在帝王和士族统治的封建社会制度下，以尊崇帝王和崇尚士族为特征的等级性社会结构，以及其中所建立的一系列阶级观念和社会习俗。古代实行以帝王和士族为首的统治方式，维护政治上的统治地位，保护清晰的社会等级分隔界限，从而维护封建社会的稳定。中国传统文化中虽蕴含丰富的民本思想资源，但其本质是封建统治者基于统治需求进行的工具化运用。该思想虽强调民生关怀，但核心是通过“安民”策略实现权力稳固，而非源于对民众主体地位的自觉赋权。

（3）功能作用的差异

马克思主义是现代社会的革命理论，是后现代文化。它代表无产阶级的阶级意识，反映无产阶级的根本利益，是一种“科学的意识形态”。马

[1] 马克思恩格斯文集：第 1 卷 [M]. 北京：人民出版社，2009：287.

克思主义具有批判和变革的功能，批判一切剥削阶级统治社会的观念，为共产主义社会的实现提供理论前提；发挥着科学的方法论的功能，指导具体科学和革命实践；具有对社会、人的活动进行调控，并维护现实的作用，协调全社会建立一种平等、有序、积极和可持续发展的动态平衡机制；具有价值导向功能，马克思主义始终为人民群众服务，以实现共产主义为最终价值目标。中华优秀传统文化从古至今，从未中断，它奠基于小农生产方式的文化系统，是前现代的文化。中华优秀传统文化是集中体现了中国几千年历史演变的价值观念、道德准则与文化艺术的总和，具有鲜明民族特色。其中所包含的诸多方面，如儒家思想、佛教道教文化、诗词歌赋、书画等都显现出其唯美和审美特征，侧重于个人道德修养与精神追求的完善。以儒学为例，儒学从秦汉以来一直发挥着主流文化的统领功能，具有反映中国封建社会物质生产关系和中国封建制度本质特征的功能，主动维护和论证封建制度的千年不易的合法性和合理性，具有调控社会和人的活动、整合人际关系的作用。❶

2. 马克思主义与中华优秀传统文化具有互补性

互补是建立在差别的基础上的，二者的差异为二者的互补提供了条件。“同”是马克思主义基本原理和中华优秀传统文化亲和的基因，“异”是二者互补的基因。

在思维方式上，马克思主义具备坚实的科学基础，继承了欧洲传统的思辨和逻辑论证方法，吸收了近代的实证科学方法，同时还吸收、借鉴自然科学的成果，形成科学的理论体系。儒学当中包含着丰富的直觉论，但是缺少明晰的逻辑论说工具，同时还缺乏系统严谨的理论结构体系。在思想进步上，二者存在本质差异。马克思主义强调通过革命和斗争来实现社会的转型与变革，而儒学则主张通过改良和和平来维护社会的稳定和发展；马克思主义认为劳动创造了人本身并且重视体力劳动，而儒学则注重

❶ 田贵平，竟辉．马克思主义文化观的再解读 [J]. 重庆邮电大学学报（社会科学版），2014，26（4）：57-63.

精神上的修养与道德规范并且轻视体力劳动等。差异决定了二者经常处于交锋和斗争的状态，但差异也是二者最好的互补点。“互补”表明了马克思主义可以对儒学中优秀思想和其他精华的部分加以吸收，对其落后的部分进行批判和改造。

二者之间的互补性，使得结合成为必要。从马克思主义角度来看，马克思主义诞生于欧洲资本主义社会，是西方文化，属于外来文化，来到中国后如果不融入中华民族的文化血脉，那就无法被中国人民理解、认同、掌握和运用，无法指导中国的实践，无法在中华大地上生根发芽、开花结果。[1] 中华优秀传统文化是中华民族特有的精神标志，它蕴藏着丰厚的文化底蕴，蕴含了宝贵的精神品格，积累了许多治理国家的经验，并构成了中国人独有的思想与智慧。这些资源，这些智慧，可以使马克思主义具有中国的精神和特点，从而使它在中国化过程中得到强有力的推动，得到进一步的充实和发展。同时，中华优秀传统文化所包含的经世致用的思想理念、人文精神和道德准则，都是对马克思主义的有益补充，使其永远保持着旺盛的生命力。所以说，马克思主义需要从中华优秀传统文化中汲取养料，萃取精华，获得动力，不断补充完善自身，以更好地扎根于中国大地。

中华优秀传统文化源远流长，其发源与中国古代农耕文明紧密相连。这种文化形态在某种程度上体现了小农生产方式下的智慧和哲学思考。然而，将其简单地定性为“前现代化”可能过于片面。事实上，中华优秀传统文化中蕴含了深厚的哲学思想、道德观念、艺术追求等，这些元素在当今社会依然具有强大的生命力和指导意义。马克思主义虽然诞生于资本主义社会，但是它与资本主义文明的思想理论不同，它批判且超越资本主义文明的思想理论，以严谨的科学研究方式，建立起一套严密而又宏大的理论体系。它在传播到中国之后，对中华文化产生了巨大的影响。它不但使中华文化的言语表现方式发生了一次近代化的飞跃，而且还对它的历史与

---

[1] 赵继龙．在差异中共进：马克思主义哲学与中华优秀传统文化结合探略 [J]. 理论观察，2021（7）：44-48.

时代价值进行了科学的确认，使得中华文化重建自信，重现生机。如果不与马克思主义融合，不运用马克思主义加以改进和重新诠释，中华优秀传统文化是无法满足中国的现代化要求的，也就无法适应当前的世界格局。基于此，中华优秀传统文化只有在马克思主义的科学指导下，运用马克思主义不断补充、扩展和完善自身，使其所蕴含的哲学思想、道德规范等“与当代文化相适应、与现代社会相协调”。正是因为二者之间互为补充，才使得二者走向结合。

（二）中华优秀传统文化同马克思主义基本原理高度契合

中华优秀传统文化与马克思主义基本原理在宇宙观、天下观、社会观、道德观等多个层面具有深刻的价值契合性，二者共同追求社会和谐、人民幸福和道德理想，体现了对人类文明发展规律的深刻洞察。在实践中，应科学认知中华优秀传统文化与马克思主义基本原理的辩证关系，以创新思维推动其融合互嵌，通过深入挖掘传统文化的核心内涵，将其融入马克思主义基本原理的理论表达与实践路径中，为构建人类文明新形态提供中国智慧，增强文化自信，推动文化传承与时代创新的有机统一。[1]

1. 在宇宙观方面高度契合

自然宇宙观是一种文明形态的世界观基础，中华文明的独特形态首先体现在自然宇宙观上。[2]中华优秀传统文化中的宇宙观总的可以概括为“天人合一”的思想。生态文明是科学社会主义的价值指向。马克思整个思想体系中都贯穿着生态文明的理念。中华优秀传统文化的“天人合一”的思想与马克思主义生态思想相契合，都肯定人与自然的一体性，都主张人与自然和谐共生。

❶ 王寒冬．新时代马克思主义基本原理同中华优秀传统文化相结合的内在机理研究[J].佳木斯大学社会科学学报，2024，42（3）：8.

❷ 王国雨．中国自然宇宙观的深层特质：以唐君毅的论说为中心[J].人文杂志，2024（1）：102.

在中华优秀传统文化中，中国古代思想家在理解人与宇宙的关系方面有不同的观点，经过不断交流和辩论，“天人合一”逐渐成为其中的主流思想。无论是儒家、道家还是佛教，都是从整体性出发，共同探索的都是表现在宇宙大局下人与宇宙之间的关系。“天人合一”的宇宙观蕴含着人与自然和谐共生的理念。马克思主义生态思想认为世界是一个普遍联系的有机整体，人是自然的一部分。它主张人与自然和谐共生，反对用孤立的眼光看待人与自然的关系，认为人与自然之间应该是良性互动的。[1]

2. 在天下观方面高度契合

天下观就是从天下去理解世界，以整个世界作为思考单位去分析问题。中华文明史的发展中，中华优秀的传统文化孕育了“亲仁善邻”“协和万邦”“天下为公”等理念，体现了中国人特有的天下观，与科学社会主义价值观高度契合。

中华优秀传统文化的天下观与马克思主义的国际主义思想具有契合之处。亲仁善邻、协和万邦是中华文明一贯的处世之道。“亲仁善邻”，指的是中国人注重邻里之间的和谐，在处理国家间的关系时认为，所有的邦国间都应该和睦相处。“协和万邦”，在今天可以理解为协调不同国家之间的关系，促进各个国家相互尊重、相互合作、共同发展。协和万邦的天下观注重“和”的理念，强调求同存异、和而不同，追求和平与和谐。儒家提出“致中和”，表达一种和谐的、中庸的状态。道家提出“和其光、同其尘”和“上善若水”，表达一种平静安然、圆融豁达的状态。“止戈为武”表达的是追求和平与和谐，不轻易动用武力和发动战争。中华民族坚持“协和万邦”的思想与世界各国友好往来，追求天下太平。中华优秀传统文化倡导的“协和万邦”的天下观，在今天依然闪耀着智慧光芒。[2]

---

[1] 刘建武．马克思主义基本原理与中华优秀传统文化相结合的历史必然性 [J]. 思想理论教育导刊，2022（2）：56-63.

[2] 张永奇．中华优秀传统文化传承发展机制的构建：价值、内容与策略 [J]. 马克思主义研究，2017（12）：80-87，158.

今天，中国依然具有国内视野和国际视野，坚持协和万邦的天下观，从本国国情出发，从全人类的根本利益出发，走和平发展道路，致力于维护世界和平，体现了大国担当。

马克思主义的国际主义思想强调的就是人类命运与各国的前途命运息息相关，各国人民之间应该互相支持、互相帮助，以实现共同发展繁荣。它倡导各国之间的平等交往、互利合作、共同发展，以加强国家间的友谊和合作关系，维护世界和平与稳定。

中华优秀传统文化的天下观与马克思主义的国际主义思想都具有宏大的国际视野，都站在全人类的立场，融入了对世界、对人类的深切情怀，从这个角度来看二者具有契合性。[1]中国共产党顺应时代发展趋势，将二者有机结合，提出了构建人类命运共同体的重大政治命题。

3. 在社会观方面高度契合

中华优秀传统文化的社会观同科学社会主义价值观具有契合之处。中华文化崇尚和谐，“和”文化拥有悠久的历史和丰富的内涵，并表现在社会的多个方面。在五千多年的悠久历史长河中，和平、和睦、和谐是中国人民所追求并传承的理念。“和而不同”“待人友爱”“己所不欲，勿施于人”等思想，在中国一代代流传下来，已成为中国人精神的一部分，并通过中国人的行动表现出来。中华优秀传统文化的社会观可以概括为“和而不同”的社会观。“和而不同”理念蕴含着丰富的历史底蕴。科学社会主义价值观蕴含着对立统一的矛盾辩证思想，强调从实际的角度看待各种矛盾及对立关系，尊重差异、包容差异，要求我们在各种差异对立中把握统一、求同存异，从而实现社会和谐。[2]

关于社会发展的主体，中华优秀传统文化和马克思主义都强调人的

---

[1] 冯莉，程伟礼．从全球视野看马克思主义大众化的历史进程 [J]. 马克思主义研究，2009（6）：36-41，159.

[2] 方克立．“和而不同”：作为一种文化观的意义和价值 [J]. 中国社会科学院研究生院学报，2003（1）：26-33，109.

主体性地位。中华优秀传统文化的民本思想与马克思主义的“以人民为中心”具有契合之处。在中华优秀传统文化中，“民为邦本”既是一种政治观，也是一种社会观。其核心理念是重视人民的利益和福祉，致力于保障人民的权利和解决人民所面临的各种问题。以民为本的民本思想，发源于中华文明早期，是古代封建帝王的根本治国思想，并从历朝历代延续至今，对我国的政治、经济、文化都产生了巨大影响。马克思主义强调“历史活动是群众的活动”。

关于追求的理想社会，中华优秀传统文化中的“天下大同”理念与“共产主义”思想具有某种契合之处。人因拥有自己的意识与思维，总是不满足于现实世界，从而构思和设计自己所畅想的理想社会状态。在谈及社会理想时，中华优秀传统文化中尤为突出的是对“天下大同”这一理想社会的追求。共产主义理论则是在科学严谨的态度下，继承了 19 世纪前西方文明的优秀成果，并吸收了古希腊学者对于社会理想的探索精髓。[1]共产主义社会具有以下特征。

第一，物质财富极大丰富，消费资料按需分配。在这个社会形态下，没有私有制，生产资料完全归集体所有，生产过程是以整个社会的利益为导向的。人们不需要再为了保持自己的地位或获取财富而进行竞争或争斗。

第二，阶级和国家消亡，人民精神境界极大提高。在这个社会形态下，没有了阶级剥削和压榨，所有人的利益都受到充分保障，所有人都享有同样的社会地位和权力，所有人都可以按照自己的兴趣和能力去选择从事什么样的劳动，所有人都具有高度觉悟和高尚品德，自觉作出贡献。

第三，每个人都得到自由而全面的发展，人类实现从必然王国向自由王国的飞跃。这个社会形态下，人们可以得到自由的人格发展，可以得到真正的平等。由此可见，“天下大同”的理想社会与“共产主义”的理想社

---

[1] 何君安，闫婷. 从“天下大同”到“人类命运共同体”——兼论中国世界主义政治哲学[J]. 东南学术，2020（5）：10-19.

会具有契合性，都追求实现社会公平，实现分配公平，实现利益最大化，同时二者都认同共享概念，都认为社会成员有义务把自己的部分收入分配给其他人，来实现社会公平。二者蕴含的思想内核或许可以互相启迪。

4. 在道德观方面高度契合

中国的传统文化重视精神，强调伦理道德的价值意义以及它在实践中的作用，是崇尚道德的文化。五千年的历史积淀所形成的中华道德文明，是中华民族特有的道德精神标志，是一种精神动力，鼓舞着中国人建立起一种高度的文化自信与文化自觉。中华优秀传统文化的道德观蕴含着讲信修睦、亲仁善邻、以和为贵、与人为善等美德，这些美德已经扎根在中华民族的灵魂之中，并通过人民的行动反映出来，为社会主义核心价值观提供历史根基，也为人民认同共产主义道德奠定了基础。马克思主义道德观以历史唯物主义为基础，提倡公平正义、自由平等、权利和义务相统一，将共产主义作为最高理想追求，具有崇高的道德情怀。中华优秀传统文化和马克思主义在道德观方面高度契合。[1]

中国传统文化以道德理想主义的精神气质为本，积淀了丰富的道德理念和道德规范，注重以明德引领社会。中国的传统道德理念体现为两个层面：个人层面强调个人身心安顿与理想寄托的重要性，尊重人之道德性，认为人必然具有良心，这体现的是仁爱道德；社会层面关注社会秩序的建立与维护，以政治制度为轴心，认为要实现个体价值与意义，前提条件是国家整体秩序的合理和谐。这两个层面都融入道德认知、修养、践履及国家治理的实际过程中，进一步深化对天人关系、人性善恶、内圣外王以及德主刑辅等道德哲学观念的认知内涵。[2]

每个民族、行业都有自身的道德规范。马克思主义以建立共产主义社会为最高理想，旨在实现人的自由全面发展。这不仅仅是对美好社会的追

---

❶ 陈泽环．中华文明与新时代思想道德教育 [J]. 教育伦理研究，2021（0）：299-308.

❷ 马永庆，肖霞．中华传统美德对现代道德观念的完善和丰富 [J]. 山东社会科学，2022（1）：134-142.

求，其中更蕴含着崇高的道义情怀。在共产主义社会，所有的社会成员根本利益一致，所以不再会因利益冲突而进行相互持久性的斗争，阶级间的冲突和斗争已不复存在，阶级的差别也渐渐消失。共产主义所勾勒的理想道德价值观念，尽管其实现之路既漫长又充满重重挑战，但人类始终矢志不渝地朝着这一目标迈进。中国共产党将共产主义信仰视为自身的政治灵魂与核心，而在追求高尚道德观念的历程中，中华优秀传统文化与科学社会主义价值观展现出较高的契合与共鸣。[1]

二、马克思主义与中华优秀传统文化相结合的方式

（一）马克思主义与中华优秀传统文化在价值层面的结合

马克思主义同中华优秀传统文化的“结合”是二者不断交流、内在融合和互相建构以实现各自的丰富发展而又指向构设新的文明形态的动态平衡状态。[2]中华优秀传统文化中具有许多潜在的朴实的价值理念，在结合的过程中，不能停留在形式和内容层面，要重视价值层面的结合，它是更为深层的逻辑环节。马克思主义与中国传统文化相结合，实现马克思主义的中国化，从根本上讲，就是马克思主义与中华民族的民族精神相融合，就是马克思主义在吸取、融入中华民族的民族精神的同时，又赋予中华民族的民族精神以新的活力和内容。只有做到马克思主义的科学真理与中华民族的民族精神相融合，马克思主义才能真正内化为中华民族的灵魂，才能真正地中国化。因此，我们要用马克思主义基本原理对中华优秀传统文化中的价值理念进行挖掘，并进行重新整合和阐发，创立既能反映中国的价值观，又能与马克思主义的思维本质相一致的新观念。关于价值层面的结合，可以从以下方面进行探究。

---

❶ 刘佳宁，朱方长．马克思主义道德观与中国传统道德思想融合的理论分析 [J]. 吉林省教育学院学报，2016，32（3）：138-140.

❷ 唐旭晨，孟宪平．马克思主义同中华优秀传统文化之“结合”审思 [J]. 理论导刊，2024（4）：109.

1. 斗争精神同自强不息的精神相结合

第一，斗争精神与自强不息的精神相结合，体现了马克思主义与中华优秀传统文化的高度契合。斗争精神贯穿于中国共产党百年伟大实践的精神文化品格和理论实践要求。[1]马克思主义强调通过斗争实现社会进步，这一理念在中华民族的历史进程中得到了充分体现。自强不息的精神，作为中华民族的核心价值观，强调在艰难困苦中不断追求进步、实现自我超越。这种精神与马克思主义的斗争理念具有高度的一致性，都强调在困境中不屈不挠、勇于斗争，通过不懈努力实现自身的进步和社会的发展。因此，将斗争精神与自强不息的精神相结合，是对两者内在一致性的充分体现，也是对中华民族精神与马克思主义理论的有机融合。

第二，斗争精神与自强不息的精神相结合，是新时代中国特色社会主义伟大事业的重要指引。在新时代的伟大斗争中，我们面临着前所未有的复杂局面和艰巨任务。这要求我们不仅要有坚定的斗争精神，还要有自强不息的毅力和决心。斗争精神赋予我们在面对复杂局势时的勇气和智慧，自强不息的精神则为我们提供了持之以恒、不畏艰难的力量源泉。通过将两者结合，我们可以在新的历史起点上，更加坚定地推进中国特色社会主义伟大事业，不断实现新的突破和发展。

第三，斗争精神与自强不息的精神相结合，是实现中华民族伟大复兴的重要保障。中华民族的伟大复兴，是一个需要长期努力和不懈奋斗的历史进程。在这一过程中，我们不仅要面对国内外复杂的形势和挑战，还要克服自身发展的困难和问题。斗争精神为我们提供了应对挑战、解决问题的基本方法和策略，自强不息的精神则为我们提供了实现伟大复兴的内在动力和精神支撑。将斗争精神与自强不息的精神相结合，可以更加坚定地推进中华民族的伟大复兴，实现中华民族的伟大梦想。

第四，斗争精神与自强不息的精神相结合，是推动社会全面进步和人

[1] 李睿，马小玲．中国共产党斗争精神的文化阐释 [J]. 湖北省社会主义学院学报，2024（3）：10.

的全面发展的重要路径。马克思主义强调通过斗争实现社会进步，而自强不息的精神则强调个人在社会进步中的主动性和创造性。将两者结合，可以更好地推动社会的全面进步和人的全面发展。在新时代的伟大斗争中，我们要充分发挥斗争精神的作用，通过不懈地努力和奋斗，推动社会各方面的进步。同时，我们也要发扬自强不息的精神，鼓励个人在社会进步中发挥主动性和创造性，实现自身的全面发展。斗争精神与自强不息精神的结合，可以推动社会的全面进步，促进人的全面发展，最终实现全人类的解放和幸福。❶

2. 国际主义与协和万邦的天下观相结合

马克思主义的国际主义思想与协和万邦的天下观都是对于人类社会发展的思考。马克思主义国际主义的本质在于强调全球各国的前途命运息息相关，各国人民应该互相支持、互相帮助，维护世界和平与稳定，以实现共同发展繁荣。协和万邦的天下观主要关注的是如何实现国家间的和睦相处，注重宽容、包容、协调等思想，强调团结合作、和睦相处。这两种思想结合，将达成更加美好的世界。将两者相结合，不仅可以促进各国的互相交流与合作，也有助于打破国家间的隔阂和误解，推动世界和平和稳定。中国共产党将二者融入对全人类的情怀中，形成了构建人类命运共同体的思想。在新时代，国际主义与协和万邦的天下观都应该与时俱进，适应不同的社会发展阶段和新的历史条件。随着全球化和科技的发展，当前的社会正在进入一个新的时代。二者应当持续地提升与完善自身的理论体系，并不断拓宽合作的领域，以期推动人类社会实现更为优越的发展。❷

---

❶ 房广顺，郑宗保．马克思主义与中国传统文化相契合的当代选择 [J]. 社会主义研究，2015（2）：29-33.

❷ 马秋丽，张永怀．“三重六维”：马克思主义和中华优秀传统文化的契合性分析 [J]. 山东大学学报（哲学社会科学版），2023（6）：9-19.

3. 共产主义理想与大同社会理想相结合

民族信仰是民族历史演进中形成的精神食粮，是一个民族的智慧。没有信仰的民族，往往不具备更高的追求和目标，缺乏共同的价值观和目标，可能会导致人们被物质和享乐主义所迷惑，失去对生命的意义和价值的认识。没有信仰的民族，很难有强大的凝聚力，无法形成文化认同，进而容易引发社会的动荡与分裂。在这个社会中，没有私有制，生产资料属于全社会公有；个人不再受到经济条件的束缚而得以自由发展，按需分配代替了按劳分配，每个人的需要都能得到满足；劳动不再是负担，人们可以自由选择从事自己喜欢的工作，享受自己的劳动成果带来的愉悦。儒家学说当中的“天下大同”是古人构想的理想社会，它强调人民之间应该平等、和谐共处，没有等级之分。二者之间是有差异的，共产主义理想具有更加鲜明的政治色彩，更加关注阶级斗争和经济发展，追求实现阶级的消失和人民的共同富裕。而大同社会则强调道德修养及人与人之间的和谐交往，以实现彼此尊重和共荣共存。但二者描述的社会状态是相似的，都是令人向往的平等和乐的美好社会。当前，在多元文化融合的情况下，“共产主义”和“天下大同”的理想应有机结合，构建包含大同社会思想的共产主义信仰，为实现共产主义凝聚力量。从而促进社会全面发展、人民共同富裕，推动全球文明交流和文化繁荣，为人类创造一个更加和谐、更加平等的世界。❶

（二）马克思主义与中华优秀传统文化在形式层面的结合

1. 用中华优秀传统文化赋予马克思主义基本原理民族的形式

中国独特的中华文化在潜移默化中对中国人认识外在世界和改造外在世界产生了影响，它也必将对中国人选择和应用马克思主义产生一定的影响。马克思主义是来自西方的文化，在语言表达方式和思维方式方面，它

❶ 张允熠.解读马克思主义同中华优秀传统文化的“高度契合性”[J].思想理论教育，2023（7）：11-18.

和中华文化之间存在着巨大的“空间性”和“时间性”差异。因此，马克思主义想要扎根中国大地，首要问题是如何实现其语言形态的转变。面对这一问题，中国共产党人和先进知识分子充分地利用中华优秀传统文化的表达方式和语言形态，将马克思主义基本原理用这些通俗的表达方式和语言加以表述，使得中国人民能够更加方便地认识和理解马克思主义，推动马克思主义大众化。

马克思主义大众化就是要从大众的实际出发，让马克思主义基本原理“飞入寻常百姓家”，这就需要用人民群众听得懂、听得进的话语对马克思主义进行阐释，让人民群众认识、理解、接受马克思主义。这样才能充分地将马克思主义基本原理的真理力量发挥出来。在这一过程中，中华优秀传统文化发挥着将马克思主义同广大人民群众联结起来的作用。因此，充分地运用中华优秀传统文化的内容和形式，赋予马克思主义基本原理民族的形式，是推进马克思主义大众化的成功途径。在结合的过程中可以从三个方面创造性地阐释马克思主义基本原理：①运用中华优秀传统文化中的概念或表达方式阐释马克思主义中高深、不易被理解的概念；②灵活地运用历史典故进行阐述；③引用成语、名言和警句进行阐释。

因此，在推动二者结合的过程中，要继续发挥中华优秀传统文化的独特价值，用传统文化中平实的语言、接地气的方式解释马克思主义基本原理，使中国化的马克思主义深入人心。用中华优秀传统文化的语言表达方式，赋予马克思主义基本原理中国特色与风格，以便于人们更好、更方便地了解和掌握马克思主义基本原理，推动马克思主义大众化。

2. 用马克思主义基本原理赋予中华优秀传统文化新的时代内涵

从文化根本性质角度来看，中华优秀传统文化是形成于小农生产方式下的文化。要让中华优秀传统文化得到更好的延续，焕发出勃勃生机，就必须跟上时代的发展步伐，在语言形式和表现形式上进行革新，使之被更多的民众所了解和接纳。

百年来，中国共产党坚持马克思主义的指导，不断地革新和发展中华优秀传统文化，并不断地从根本上挖掘出它的内在力量。在结合的过程中，我们还要以马克思主义基本原理为指导，不断拓展中华优秀传统文化的内涵。中华优秀传统文化中讲仁爱、重民本、守诚信、崇正义、尚和合、求大同等核心思想理念都是经过马克思主义科学扬弃了的，已经去掉了其中封建糟粕的部分。但是时代是不断发展的，这些思想同样要与时俱进，对自己进行持续地充实和改进，并与当代环境进行融合，以适应时代发展的需求，为社会的发展带来推动。❶

马克思主义最鲜明的政治立场就是人民的立场。因此，可以用马克思主义的群众史观赋予民本思想新内涵，使之真正体现“以人民为中心”的思想。诚信是中华民族优良的传统美德，但是它所强调的守诚信与社会主义核心价值体系中的“守信”不同。中国古代的诚信观主要着眼于个人为人处世、修身养性，在诚信道德建设上，重内诚之德的修炼，轻外信之德的实践。而社会主义核心价值观中的诚信，不仅着眼于个人，还拓展到人与社会、国家与国家之间，并且主要运用在经济社会的发展之中。因此，中国传统的诚信观需要不断完善和改造，需要被赋予时代内涵。中华优秀传统文化中还有许多其他的核心思想理念也需要被赋予时代内涵，不断地创新和丰富。新征程上，只有坚持马克思主义基本原理的指导，根据时代发展需要，赋予中华优秀传统文化新内涵，才能使其具有时代特征，真正地将传统文化古为今用，使中华优秀传统文化成为现代的文化。

（三）马克思主义与中华优秀传统文化在内容层面的结合

1. 用马克思主义基本原理激活中华优秀传统文化

近代以来的开拓者们意识到，中国要想从消极的局面中苏醒，从被动的情势中走出来，必须从文化精神上找到破解的良药。马克思主义在中国传播后，真正赢得了人民的广泛认同。这一过程的实现，并非马克思主义

---

❶ 汤兴悦．马克思主义基本原理同中华优秀传统文化相结合的机理研究 [D]. 北京：中国矿业大学，2023：55.

单方面的作用，而是马克思主义与中华优秀传统文化相结合、相互作用、互促互融的结果。马克思主义与中华优秀传统文化的内化融通，造就中国式现代化的文化形态，创造人类文明新形态，是“激活”的价值旨归。[1]

第一，用马克思主义基本原理中的辩证否定思维对传统文化进行科学的分析，是我们在传承与发展文化过程中不可或缺的一环。对待传统文化，既不能全盘否定，也不能全盘肯定，正确的做法就是对其进行辩证的扬弃。站在历史唯物主义的立场来看待中国传统文化，要分清楚哪些是优秀的，哪些是落后的，哪些是能够适应当代社会的，哪些是应该被社会淘汰的，并对优秀的、能够适应当代社会的部分进行吸收借鉴，对落后的、无法适应当代社会的部分进行抛弃，不断地对传统文化进行补充、拓展和完善。例如，中华优秀传统文化中蕴含的“天人合一”“天下为公”“自强不息”“以民为本”“为政以德”“实事求是”“勤俭节约”“求同存异”等思想智慧，可以为解决人类面临的难题提供启示。这是新时代增强中国特色社会主义理论体系的文化基础，我们应该对其进行充分的挖掘和吸收，将其发扬光大。而在党领导伟大社会革命的过程中起阻碍作用的糟粕文化，我们要进行科学辨别，坚决摒弃。

第二，用马克思主义基本原理为中华优秀传统文化的转化和发展指明方向、注入能量，推动中华优秀传统文化创造性转化、创新性发展。中华文明是唯一一个从远古一直延续到今天，从未中断过的文明，它在五千多年的历史长河中不断地流淌着。中国共产党人在坚持二者结合的过程中，用马克思主义基本原理激活中国传统文化根脉和精神。从中华传统的“大同思想”到“共产主义”远大理想的转化，从“民本思想”到“以人民为中心”的执政理念的转化，从“天人合一”到“绿水青山就是金山银山”的生态文明的转化，从“协和万邦”到“构建人类命运共同体”的转化，从“大一统”思想到坚持共产党的领导的转化等，马克思主义为中华优秀

[1] 张乾元，田瑶瑶．用马克思主义激活中华优秀传统文化探论 [J]. 湖南第一师范学院学报，2024（9）：1.

传统文化注入了现代活力。中国共产党人将“实事求是”确立为思想路线，将“小康社会”转化为我国现代化建设的战略思想和奋斗目标，坚持用马克思主义基本原理对中国传统文化内容进行转化，使古老的传统文化概念一下子演变成了鲜活的中国化的马克思主义理论，为中华优秀传统文化的“两创”发展指明了方向。❶

在二者结合的过程中，马克思主义推动中国传统文化从旧的农业文明向现代文明转换，为转换提供理论指导和创新动力。中国传统文化根植于农业文明，其中优秀的部分也不能完全满足近代工业社会的要求。马克思主义基本原理中关于社会形态更替的理论为中华优秀传统文化的现代性转型提供了有力的支撑，中华优秀传统文化因此可以变革，成为社会主义先进文化不可或缺的一部分。

百年以来，中国共产党根据不同时期的历史任务，用马克思主义基本原理的真理力量激活中华优秀传统文化，生成了具有鲜明时代特色的革命文化和中国特色社会主义文化，为激励和鼓舞全国人民实现中华民族伟大复兴提供强大精神动力，为解决国内、国际遇到的实际问题提供智慧支撑。

2. 用中华优秀传统文化丰富马克思主义基本原理

马克思主义的真理力量激发出中华优秀传统文化的潜能，使中华优秀传统文化不断充实和发展马克思主义的理论。在结合的过程中，应充分认识到中华优秀传统文化所具有的独特价值，提炼其思想精髓，丰富马克思主义基本原理，推动马克思主义创新发展。❷

中华优秀传统文化蕴含着伟大的民族精神、价值追求和独特的智慧。对马克思主义来说，这些智慧因子能够为马克思主义在中国的发展提供源

---

❶ 余卫国．马克思主义和中华优秀传统文化的高度契合性论析 [J]. 云南民族大学学报（哲学社会科学版），2024，41（1）：33-41.

❷ 孙明霞．马克思主义与中华优秀传统文化的契合性——在哲学视域中把握“第二个结合”的前提 [J]. 贵州社会科学，2024（2）：21-28.

源不绝的智慧源泉。中华优秀传统文化蕴含着中华民族的伟大精神，为马克思主义在中国的发展赋予了独特的气质。其中，“爱国主义”作为中华民族精神的核心，贯穿于马克思主义中国化的所有成就之中。中华优秀传统文化所涵盖的宇宙观、天下观、社会观、道德观等各方面的深刻洞察和体悟，为推进马克思主义中国化提供了丰富的资源。

“协和万邦”“和而不同”的思想反映了中华民族的天下观和追求和平的心愿。在面对思想观念上的差异及民族之间的文化多元化时，中国都秉持着“和而不同”的原则，提倡多元文明的相互借鉴，从其他文明中吸取有益的东西，使中华文明得到进一步的充实与发展。中华优秀传统文化的道德伦理也有值得借鉴的地方，例如“仁爱”“忠诚”孝顺父母”等伦理道德观念。这些伦理观念与马克思主义所倡导的“共产主义道德”不谋而合，都追求人与人之间的平等、和谐、互助和共赢。因此，中华优秀传统文化的道德伦理可以为马克思主义提供更加完整、更加深入的伦理哲学理论体系，可以丰富马克思主义基本原理。

第六节　马克思主义与中华优秀传统文化融合的共通之处

一、中华优秀传统文化下辩证唯物论的要素

中华优秀传统文化和马克思主义的科学精神是由不同的文化形式和历史传统所承载的。中华优秀传统文化强调并坚持唯物主义和辩证法的立场。凝结在马克思的辩证唯物主义当中的精神内核，始终激励我们为中国特色社会主义而奋斗，充当着重要的精神支柱，不断为我们的自身发展提供最正确的指引。[1]倡导“天人合一”思想的中国古代辩证唯物主义有着

[1] 李海燕．马克思的辩证唯物主义的精神内核与时代价值——读《关于费尔巴哈的提纲》第一条 [J]. 今古文创，2023（21）：83.

悠久的传统，对中国文化的发展发挥了突出作用。

马克思主义哲学的唯物辩证法与中国传统文化的辩证思想存在着内在的统一性。中国古代对宇宙、自然和社会的深刻反思与研究，奠定了简单辩证思维的基础，并形成了辩证的自然观。中国传统文化确认了世界的物质起源，体现了当时人们对思想与实践相互关系的理解，强调万物之间的相互依存，倡导人与自然的和谐统一，并尊重自然规律。这些观点与马克思主义哲学的立场是高度一致的。

（一）自然观上的契合相通之处

中国传统文化中的"天下一家"主张人与自然和谐共生，这也反映在中国古代统治者的制度层面。自夏商周以来，统治阶级对环境保护有了明确的规定和相应的法律制度。这种生态文明思想自古以来一直延续，并没有被削弱，反而得到了加强。中华优秀传统文化有着深厚的基础，蕴含着深刻而丰富的生态哲学，强调天、地、人的统一。这一哲学思想阐述的哲学原理是自然界有其自身发展的客观自然规律，人类的各种实践活动应该在遵循自然界客观发展规律的基础上进行。违背自然规律必将受到自然界的惩罚。"道法自然"来源于老子的《道德经》，"人法地，地法天，天法道，道法自然"。道教思想的形成基础是"无为"，因此道家思想中强调的"自然"也就包括了生态自然观念中的"自然"。[1]

中国传统农业按照季节组织农业生产，重视自然生态发展的客观规律，注重强调农时概念，这也是道家自然观的实际应用。我国先秦时代，就有相应的农业政策。《汉书·食货志》中，"种谷必杂五种，以备灾害"。它包含了丰富而深刻的生态哲学，简要介绍了中国农民对农业四季的传统理解，强调了在耕作中首先要尊重自然发展的客观规律，尽量减少人为原因、非自然活动造成的对生态自然的破坏。"人、事、和"理念源自中华

---

❶ 黄文贵．自然的意义——论中国古代人文主义的自然观 [J]. 自然辩证法研究，2002（5）：8-10，17.

传统文化中的“天人合一”与“和为贵”思想，主张顺应自然规律，追求人与环境、事务的动态平衡。《论语》中“礼之用，和为贵”已揭示和合之道，张载“民胞物与”的宇宙观更与之呼应，彰显中华文明以“和”为尺度的共生智慧。

马克思主义认为自然是在社会历史进程中创造的自然。所谓人的肉体生活和精神生活同自然界相联系，不外是说自然界同自身相联系，因为人是自然界的一部分。[1]马克思也从实践的角度看待人与自然的关系，不仅从实践的视角理解人与自然之间的差异和对立，而且从实践的视野探索和阐明人与自然共生繁荣的关系。人类社会的发展必须与自然和谐共生，人类社会不能脱离自然界而独立存在。

在新时代，建设生态文明是中华民族可持续发展的千年蓝图。它注重以人民为中心构建和谐的社会关系，树立善待自然的理念。三要素的结合不仅体现了中国传统文化的根本方向，也表明了马克思主义的根本地位，为马克思主义基本原理与中华优秀传统文化的一致性奠定了坚实的基础，从而推动了马克思主义中国化理论的形成。

（二）唯物辩证法的契合相通之处

中国古代朴素唯物辩证法有着悠久的传统，活跃于中国文化的方方面面，在中国文化的发展中发挥着突出的作用。我们的传统文化中也包含着丰富的唯物辩证法，其中包括旧朴素唯物主义的代表元素和提出旧朴素唯物观的“奇数”文化，即中国传统文化中的“五行”，金、木、水、火、土，是他们的代表性观点，中国古代哲学家认为它们是世界和各种自然现象形成的根源和基础；“奇数”文化中所谓的“奇数”属性，即阴阳、得失、善恶、美丑，都是中国传统文化中蕴含的辩证思想。

马克思主义基本原理中的辩证唯物主义思想，是在继承和发展旧唯物主义哲学家理性思想的基础上，不断形成和完善的。那种认为旧唯物主义

[1] 汪信砚．论恩格斯的自然观 [J]. 哲学研究，2006（7）：10-14.

的哲学家只能停留在“理解世界”的层面，而无法“改造世界”，是一种片面的观点。辩证唯物主义不仅强调批判性思维，更注重在实践中的创新和发展。

中国传统文化有简单的唯物主义和辩证法。“五行”理论是中国简单唯物主义的原始状态。老子认为道是天地万物的起源，认为“道创造万物”。荀子解释了唯物主义的自然观，“天行有常，不为尧存，不为桀亡。”东汉思想家王忠认为“能量”是宇宙的根。辩证法也是中国传统文化的重要亮点。中国哲学包含了丰富而简单的辩证思想资源，如阴阳、运动与沉默、逻辑与气体、道路与工具、知识与事务，易经中提出的“阴阳成道”、《尚书·洪范》中提出的“五行”。从古代中国继承下来的辩证智慧和马克思唯物主义辩证法有着共同的目的。❶

马克思主义包含着丰富的辩证唯物主义思想，提出“辩证法在对现存事物的肯定的理解中同时包含对现存事物的否定的理解”，“辩证法不崇拜任何东西，按其本质来说，它是批判的和革命的”。早期的共产主义者在解释庄子相对论中绝对与相对、存在与不存在之间的辩证关系时，发现“宇宙有两个阶段”“存在与不存在理论也不确定”。矛盾的普遍性和特殊性的关系就是矛盾共性与个性的关系，基于矛盾的普遍性与特殊性相结合的原则，毛泽东批判了教条主义的错误。因此，中国共产党在分析和解决问题时，一直以客观唯物主义为指导，以发展联系和矛盾的观点为指导，以融会贯通的方法论为指导，以系统的辩证法为指导。❷

马克思主义的普遍原理与中华优秀传统文化之间，存在着使它们能够相互融合、统一起来的共同要素。中国人开始探索马克思主义基本原理与中华优秀传统文化的结合，最直接的原因是西方用炮火摧毁了中国的传统农业文明。在“现代压力”的冲击下，中国文化作为国家的文化基石，不得不经历重大变革。尽管马克思主义揭示了自然界、人类社会和人类思维

❶ 冯契．论中国传统哲学的特点 [J]. 学术月刊，1983（7）：1-9.

❷ 陈骁缘．新时代中华优秀传统文化同马克思主义哲学原理的契合相通研究 [D]. 大庆：东北石油大学，2023：20-21.

发展的最一般规律，但它也强调需要结合每个国家和民族的具体情况来应用。在中国革命、建设和改革的过程中，中国共产党深刻认识到，马克思主义是最先进的世界观和方法论，其生命力在于能够与不同国家的具体实际相结合，并由人民来掌握和运用。在中国社会从传统向现代转型的历史进程中，必须创造性地构建新的文化体系，而中国优秀的传统文化则是实现马克思主义中国化的重要历史根基。马克思主义的引入，标志着中国优秀传统文明迈向了新时代的征程。

二、中华优秀传统文化重视理论与实践的内在统一

（一）认识世界上的契合相通之处

马克思提出的实践概念与中国传统文化中的知识和行动概念相一致。在中国传统文化中，知和行的概念通常有三种观点：知和行是一体的，知先于行或行先于知。无论是什么样的实践与认识的相互关系，它们都是对当时社会条件的概念调整。自从马克思主义进入中国以后，中国共产党人学习和运用马克思主义指导中国革命建设改革的发展。中国传统文化是一种与现实生活紧密相连的思想文化体系。与西方哲学相比，它并没有发展出那种强烈的本体论思辨。中国传统文化自始至终都强调与人的现实生活世界的紧密联系，如《中庸》所言：“道也者，不可须臾离也，可离，非道也。”这里的“离”指的是脱离人生活的现实世界。这与西方哲学的思想观念形成了鲜明对比。早在柏拉图时期，西方哲学就提出了世界分为可感知世界和理念世界，认为理念世界是世界发展的本原。而在中国传统文化中，可感知的现实世界始终被视为世界的本原所在。

在关于世界本原问题这一点上，马克思主义就与中国传统文化具有内在的一致性。众所周知，基督教思想是对古希腊哲学的进一步形成和发展。但与以黑格尔为代表的哲学思想不同，马克思主义在批判黑格尔纯思辨哲学的基础上也继承了黑格尔哲学思想的一部分，所以解决问题还应该

在现实中解决。基于此，马克思提出了实践观的方法论，这与中华优秀传统文化中的知行观思想有着内在统一性。

（二）改造世界上的契合相通之处

马克思主义哲学强调意识的能动作用，注重发挥意识对自然界和人类社会存在的改造作用。作为沟通主客桥梁的实践是马克思主义一以贯之的宗旨，马克思主义不是书斋中的理论，它的理论也不倡导仅仅停留在理论的层面，相反，马克思主义是直指现实并最终改变现实的理论武器，就如同马克思在《关于费尔巴哈的提纲》中所言，人是环境和教育的产物，但环境正是由人来改变的。所以，马克思主义绝不是听命于现实的唯物主义，而是鼓舞人们特别是生活在社会底层的工人阶级积极奋起反抗去改变现实的理论。

中国古代思想家对知识与行动之间的关系给予了高度重视。他们认为，简单直观的知识理解必须植根于实践行为之中，主观认识必须与客观实际相契合。然而，他们往往将“行为”局限于个人道德实践的狭小范畴，未能认识到人类社会实践才是连接主观性与客观性的真正桥梁。随着马克思主义实践理论的引入，中国人民对社会实践中知识与实践的统一有了更为全面而深刻的理解。特别是将动态反映理论与实践理论的大众视角相结合，并与历史唯物主义相融合，这是对中国马克思主义的创造性发展。中国古代思想家的观念也从“今胜于昔”的简单认识，深化为对历史积淀重要意义的清醒认识。他们提出了不同于以往的历史演变观念，以及一种从根本上改变过去的社会变革理论，深入探讨了社会变革的缘由、主要动力和发展模式。中国人接受马克思主义，正确解释了当代中国社会落后和社会矛盾的原因，开创了中国历史的新局面。[1]

---

[1] 陈骁缘．新时代中华优秀传统文化同马克思主义哲学原理的契合相通研究 [D]. 大庆：东北石油大学，2023：22.

三、中华优秀传统文化与历史唯物主义的相通之处

中华优秀传统文化孕育了历史唯物主义要素。历史唯物主义是科学还是哲学，这是自马克思主义诞生以来一直存有争论的热点议题。❶马克思主义哲学中的以人为本理念，以及人民群众是历史创造者的观点，与中国传统文化中的民本思想具有内在的一致性；马克思主义所追求的共产主义社会与中国传统文化中的大同社会既存在相似之处，也有其独特之处；而历史发展的潮流是不可阻挡的。

（一）民本思想上的契合相通之处

中国传统文化自古以来就注重“民为邦本”的思想，强调人民是国家政治和社会稳定的根基。马克思主义通过对历史唯物主义的阐述，进一步阐明了人民在历史发展中的创造性作用。两者的民本思想，尽管源自不同的历史背景与哲学体系，但在根本上都强调了人民群众对社会发展和历史进程的决定性作用。

中华优秀传统文化中的民本思想，源远流长，贯穿了中国历史的各个时期。民众的福祉、民众的意愿在中国传统思想中占据着重要地位。“得民心，顺民意”成为治国理政的核心原则之一，这体现了民众在国家治理中的关键作用。然而，传统的民本思想受限于封建社会的等级结构，虽然提倡民众的地位与福祉，但这种思想仍然停留在对统治者道德责任的要求上，缺乏深刻的社会结构变革意识。

马克思主义的民本思想，以历史唯物主义为基础，提出了人民是历史的创造者这一根本观点。马克思主义在揭示社会发展和历史变革的动力时，明确指出“人民，只有人民，才是创造世界历史的动力”❷。这一观点深刻批判了历史上传统社会中对统治阶级的过度依赖，认为人民不是被动

❶ 刘冬冬 . 科学和哲学：历史唯物主义的双重向度释义 [J]. 思想理论战线，2024（4）：51.

❷ 毛泽东 . 毛泽东选集：第三卷 [M]. 北京：人民出版社，1991：1031.

的接受者，而是历史的主动创造者。在马克思主义理论中，人民是社会变革的真正主体，国家的功能和形态最终应服务于人民的利益和权利。

中国传统文化中的民本思想，在治国理政的实践中始终强调“民心”对国家安定和治理的决定性作用。马克思主义进一步深化了这一思想，提出在阶级斗争的背景下，人民不仅是国家治理的受益者，更是历史发展的主体力量。马克思主义通过对人民主体性和阶级分析的结合，揭示了历史发展的根本动力，强调在革命与建设过程中，必须依靠人民的力量。

中国传统的民本思想，受限于封建社会的结构与文化传统，其对人民的关注更多的是体现在道德责任和政治理想的层面，缺乏对社会阶级和社会结构变革的深刻反思。马克思主义从根本上改变了这一思维方式，提出了阶级分析与社会革命的理论，强调要通过社会制度的根本变革来实现人民的解放与利益最大化。这一转变，使得马克思主义的民本思想更具有现实的历史进程意义。[1]

中华人民共和国成立后，党和国家将“民本”思想与社会主义建设相结合，形成了全心全意为人民服务的根本宗旨。这一转变不仅是对中国传统文化中“民为邦本”理念的继承，更是对马克思主义人民主体论的创新与实践。

（二）国家治理思想上的契合相通之处

中国共产党在文化建设中始终秉持的双重维度，既注重构建和谐社会关系的社会实践，也坚持人性观中人的主体性地位，不仅确立了中国传统文化的基本方向，也确立了马克思主义的根本地位。这为马克思主义基本原则与中华优秀传统文化相结合奠定了坚实基础，从而促进了马克思主义中国化理论成就的形成。两者对社会和谐的看法虽各有侧重，但在表达方式上仍存在一定的相似之处，这一点值得我们注意和深入探究。

---

[1] 张分田，张鸿．中国古代“民本思想”内涵与外延刍议 [J]. 西北大学学报（哲学社会科学版），2005（1）：113-118.

第一，两者都致力于构建一个人类和谐的理想社会。马克思主义所倡导的社会和谐的最终目标是建设共产主义社会，期盼着一个崭新、自由且充分发展的社会的到来。因此，在社会变革的进程中，个人素质的自我提升和构建和谐社会的内在维度是不容忽视的。无论未来的新世界如何变迁，它们都应遵循马克思主义关于个人层面和谐的观点。而作为中国传统文化的典范，儒家将“仁”与“恕”视作个人修养的核心，倡导人们从内心出发，“推己及人”，以实现个人层面的和谐。

第二，双方都认识到人际合作与创新的力量。这表明“和谐”不仅能增进“平等”，更能激发出全新的能量。在马克思主义看来，“新生力量”源自于少数人的紧密合作，人与主体之间存在着共生共荣的关系。因此，人际合作不仅仅是人与人之间能量的简单叠加，更重要的是通过互动实现质的飞跃。同样，中国传统文化中的“和合”思想也强调，“与天和者，谓之天乐；与人和者，谓之人乐。”❶

马克思主义的人际合作理论与“和谐与平等”的概念之间存在着差异。儒家的和谐社会理论在很大程度上体现了统治者需在政治压力下做出妥协，甚至牺牲自身利益的观点。为了实现社会和谐，统治者需通过施行仁政来促进社会的和谐稳定发展，但他们并未从根本上找到实现大同理想的根本途径和方法。相比之下，马克思主义的社会和谐理论超越了阶级局限性，它认为只要社会问题得到彻底解决，就能让更广泛的人群受益。其崇高的最终目标赋予了它更强的革命性和彻底性，展现了更广阔的发展前景和更科学的实现路径。❷

马克思主义基本原理和中华优秀传统文化都主张坚持生态思想的观点，在选择实现理想的方式以及对自然、社会和人的基本态度方面，也有很强的趋同性。马克思主义理论中“人与自然和谐相处”的概念是马克思主义生态文明观的重要组成部分，代表了马克思和恩格斯对待自然的最高

❶ 于桂芝 . 论和谐社会的马克思理论渊源 [J]. 学习与探索，2006（1）：132-135.

❷ 周志山 . 马克思“和谐社会”思想论纲 [J]. 学术研究，2005（4）：85-90.

理想。中国传统文化中“天人合一”的思想主张人与自然和谐共处，这一思想也体现在古代中国统治者的制度层面上。从夏商周开始，统治阶级对环境保护和相关法律制度有明确的规定。这个文明的生态理念自古以来就在延续，没有减弱，而是得到加强。

人类社会的发展是人民群众通过积极主动地创造历史来实现的，也就是说，人民是历史的创造者。中国传统文化很早就意识到民众在社会发展中的基础地位、决定作用。“舟水之喻”实际上最早源自孔子，而后孟子明确提出了“民为贵，社稷次之，君为轻”的思想，强调了人民在社会建设中的核心地位。在新时代，建设生态文明成为了中华民族实现可持续发展的千年大计。[1]

[1] 黄承梁．中国共产党百年生态文明建设的历史逻辑和理论品格[J]. 哲学研究，2022（4）：15-23.

第四章　马克思主义与中华优秀传统文化融合的实践及现状

第一节　马克思主义与中华优秀传统文化融合的实践指向

一、贯彻实事求是的精神

（一）推动马克思主义中国化时代化

第一，推动马克思主义中国化时代化，需要立足于中国特色社会主义的伟大实践。中国化时代化的马克思主义，无论是理论体系的发展进程还是理论体系的逻辑构成，都是历史过程在抽象的、理论上前后一贯的形式上的反映。[1]中国特色社会主义是马克思主义基本原理同中国具体实际相结合的产物，是对马克思主义理论的创造性发展。在新的历史阶段，我们必须继续坚持和发展中国特色社会主义，深化对社会主义建设规律的认识，以更加科学的理论指导实践，推动中国特色社会主义事业不断向前发展。这不仅要求我们在经济、政治、文化、社会和生态文明等方面继续探索和实践，还要求我们在理论上不断创新，形成新的理论成果，为中国特色社会主义事业提供有力的理论支持。

[1] 田心铭．中国化时代化马克思主义若干基本范畴及其相互关系简析 [J]. 马克思主义理论学科研究，2024，10（7）：14.

第二，推动马克思主义中国化时代化，需要不断丰富和发展科学社会主义。科学社会主义是马克思主义的重要组成部分，是我们党和国家的理论基础和指导思想。在新的历史时期，我们必须继续深入研究和总结中国特色社会主义建设的伟大经验，吸收和借鉴世界社会主义运动的成果，不断丰富和发展科学社会主义，使其更加符合中国国情和时代要求。通过理论创新，我们不仅可以深化对社会主义本质和规律的认识，还可以为世界社会主义运动提供中国智慧和中国方案，推动世界社会主义事业的发展。

第三，推动马克思主义中国化时代化，需要加强对中国发展阶段、发展计划和任务目标的研究和判断。在新的历史起点上，我们必须科学判断中国的发展阶段，制定切实可行的发展计划和任务目标。这需要我们深入分析国内外形势，全面把握中国特色社会主义建设的内在规律，准确判断我国发展的战略机遇期和挑战期，制定科学的发展战略和政策措施。通过科学的研究和判断，我们可以更好地把握发展机遇，应对各种风险和挑战，推动中国经济社会可持续健康发展。

第四，推动马克思主义中国化时代化，需要实现马克思主义与中华优秀传统文化的互动与融通。中华优秀传统文化是中华民族的精神财富，是中国特色社会主义的重要文化基础。推动马克思主义中国化时代化，必须尊重和继承中华优秀传统文化，将其融入到马克思主义理论体系中，使马克思主义更具有中国气派和中国特色。在这一过程中，我们要继续坚持辩证唯物主义和历史唯物主义的立场，科学地对待中华优秀传统文化，取其精华、去其糟粕，推动中华优秀传统文化的创造性转化和创新性发展。通过马克思主义与中华优秀传统文化的互动与融通，我们可以形成具有中国特色的社会主义文化理论，为中国特色社会主义文化建设提供理论指导。

第五，推动马克思主义中国化时代化，需要推进理论创新和实践创新的有机结合。理论创新是推动马克思主义中国化时代化的重要途径和方法，而实践创新是检验和推动理论创新的重要标准和动力。在新的历史时期，我们必须坚持理论与实践的有机结合，通过不断总结实践经验，推进理论创新，通过不断深化理论研究，指导实践创新。通过理论和实践的互动，我们可以不断丰富和发展马克思主义理论，进一步提高其科学性和实践性，使其更好地适应和引领中国特色社会主义建设。

（二）促进中国传统文化的现代化转型

当今世界正在经历世界百年未有之大变局，人类文明交流互鉴正在加速推进，国家文化软实力成为国际竞争的主要因素，推动中国传统文化的现代化转型，在国际舞台上绽放独特魅力，提升中华文化的吸引力、影响力，是我们在世界文化激荡中立足的根基，是建设文化强国的必然要求。

以“创造性转化”为依托，激发中华优秀传统文化的生机与活力。“创造性转化”就是立足于中华优秀传统文化，着眼于转换和发展，让中华优秀传统文化与新时期的发展相适应，并且将“创造成果”融合在现代化建设的全过程，这更多强调的是中华优秀传统文化自身的守正创新。处在世界百年未有之大变局中，要借鉴中华优秀传统文化中所蕴含的丰富的智慧和价值，尤其是其中能够解决全人类问题的元素，为构建人类命运共同体提供有益启示。以“创新性发展”为关键，赋予中华优秀传统文化时代特色。“创新性发展”意味着要打破过去的陈规，推陈出新，不断促进文化的发展和内涵的丰富，进而适应社会发展的需要。这一过程中，重点是更新符合当前时代需求的价值观念、行为准则和道德规范等，而中华优秀传统文化则是这一更新过程的宝贵资源，通过挖掘传统文化的智慧和价值，使其与当代的现实需求相结合，为推动新时代的发展作出积极的贡献。[1]

在进行“创造性转化”时，要注重对中国传统文化的“继往”，也就是将传统文化中具有超越时空的永恒价值进行提炼和转化，使其能够与当代社会相结合，为人们所理解和接受。这一过程需要以马克思主义的立场、观点和方法来进行，即辩证地看待中国传统文化，既要看到其优秀之处，也要看到其中存在的问题和缺陷。只有这样，才能在继承和发展中国

[1] 李新潮．中华传统文化“创造性转化、创新性发展”思想研究 [D]. 兰州：兰州大学，2021.

传统文化的同时，实现马克思主义与传统文化的融合，使其具有更强的时代性和现实意义。“创新性发展”在于“开来”，不仅要着眼于中国，更要放眼于世界，将中国传统文化置身于世界文化之中，回答关于全人类的解放和发展等问题。因此，实现中国传统文化的现代化转型，要坚定历史自觉自信，中华优秀传统文化贯古通今，要通过引经据典、讲故事、善用民语俗语等，创新现代表达方式，激发其生机与活力。

二、继承中国历史文化传统的精髓

（一）着力培育社会主义核心价值观以提升文化软实力

社会主义核心价值观是马克思主义与中华优秀传统文化相结合而产生的新范畴、新理念、新表达，新时代背景下，推进二者的融合，归根到底就是要培育和践行社会主义核心价值观。通过培育和践行社会主义核心价值观，帮助人们树立正确的世界观、人生观和价值观，能够辩证对待中国传统文化中的精华和糟粕，以马克思主义为指导，自觉抵制西方错误思潮的影响，不断增强文化自信，提升我国的文化软实力。[1]

要时刻牢记共产党人的初心和使命，树立崇高的理想信念，开展常态化和制度化理想信念教育。历史是最好的教科书，党史、新中国史、改革开放史和社会主义发展史蕴含着社会主义核心价值观的精髓与内涵，要在总结历史经验中坚定文化自信。同时，深入挖掘“四史”中的红色资源，将其和教育教学结合起来，丰富社会主义核心价值观教育的素材，讲好红色故事，传承其内在的红色基因和精神，为社会主义核心价值观教育注入红色血脉。

要用社会主义核心价值观铸魂育人，推进大中小学思想政治教育一体化建设。将社会主义核心价值观融入大中小学的思政课教学，是新时代培

[1] 戴木才．对社会主义核心价值观几个基础理论问题的思考 [J]. 马克思主义与现实，2017（4）：174-180.

育和践行社会主义核心价值观的重要途径，也是提升思政课教学实效的关键方式。要用社会主义核心价值观丰富思政课教材，将课堂教学与“第二课堂”相结合，创新教学方式。同时，培养优秀的思政课教师，注重提升思政课教师的理论与道德素养，激发其内在和外在动力。

要保持法治稳定与提升社会文明水平的相辅相成，就必须继续坚持法治与德治相结合的原则。在法律建设和执行过程中，要不断强化社会主义核心价值观的培育和践行，使其融入到法治建设的各个方面。同时，在日常生活中也应该树立正确的价值观念，以此来引导人们的行为举止，从而不断提升社会的文明程度。社会主义核心价值观具有高度的凝练性和概括性，要让社会主义核心价值观融入人们的日常生活，就要从点滴做起，抓细小、抓落实，将高度概括的价值理念以人民大众喜闻乐见和易于接受的通俗话语体系潜移默化地影响人们世界观、价值观和人生观的形成。同时，社会各方面也要营造良好的文化氛围，通过社会风尚的熏陶使社会主义核心价值观更加亲近人民，更具有感染力。

（二）大力弘扬中华民族精神以构建共同精神家园

时代变迁，在当今中国，要想将马克思主义与中华优秀传统文化相结合，就要将马克思主义内化为中华民族精神，构建中华民族的共同精神家园，得到广大人民群众的认同，树立起民族共同的价值取向。[1]

以中华优秀传统文化为根基，将民族性与现代性相结合。民族精神是在长期的历史进程和积淀中形成的具有共同特质的民族意识、民族文化、民族习俗、民族价值观念的有机结合体，反映了一个民族的活力、创造力和凝聚力，是一个民族赖以生存和发展的灵魂。任何一种民族精神都与本民族代代传承的民族文化息息相关，在当前的中国社会中，弘扬民族精神的关键是要牢记中华民族优秀的历史文化传统，同时也要结合中国特色社会主义的实践，不断完善和充实民族精神的内涵，这就需要我们继承优秀

[1] 李毅．深刻理解“第二个结合”的丰富内涵 [J]. 哲学研究，2024（9）：5-13，128.

传统文化，推动其与现代社会相融合，以此为基础不断深化民族精神的内涵和外延。同时，还需要引导人们树立正确的国家观、民族观、历史观和文化观，进一步推动民族自信心、民族自豪感的提升。

弘扬民族精神，要以先进的民族理论为指导。以党的民族理论为指导，以人民为中心广集民族智慧，从青少年抓起，从领导干部抓起，深入开展民族团结进步教育，构建共同的精神家园。弘扬民族精神要顺应信息化发展趋势，坚守网络阵地，充分利用网络平台，进行媒体平台建设、宣传内容创新，增强民族精神的传播力和感染力，营造风清气正的网络环境，使民族精神“润物细无声”，促使人民形成正确的民族观、国家观和历史观。

三、立足中华民族文化复兴的目标

（一）面向未来，构建中国特色话语体系

话语体系，是思想理论体系和知识体系的外在表达形式。在全球化的时代背景下，构建中国特色对外话语体系，不仅是中国国际影响力提升的重要支撑，也是践行全人类共同价值的必然选择。[1]

社会存在决定社会意识，随着社会发展得越来越快，无数社会思潮不断涌现，使得人们的社会价值取向也逐渐多样化，不同文化、价值观的冲突和矛盾比比皆是。另外，针对世界话语体系“西强我弱”的局面，我们要不断增强中国特色社会主义道路自信、理论自信、制度自信、文化自信，持续增强中国特色话语体系的感染力、吸引力和影响力。中国特色社会主义话语体系的构建要以中国特色社会主义为主题，以通俗易懂的语言解读当代中国的道路选择、理论创新、制度建设以及文化传承，对内统一共识，发挥凝心聚力的作用，对外讲好中国故事，获得国际交往的主动权

---

[1] 焦迪，李资源．对中国特色对外话语体系构建的思考[J]．学校党建与思想教育，2024（14）：94.

和话语权。加强宣传队伍建设，打造专业化宣传队伍，建构在政治上立场坚定，老百姓听得懂的中国特色社会主义话语体系。同时，关注网络载体，充分利用新兴媒体，加强主流媒体的建设，发挥其宣传反馈作用，进一步完善中国特色社会主义话语体系。

（二）面向世界，吸收借鉴西方文明优秀成果

在马克思主义与中华优秀传统文化相结合的过程中，虽然要体现继承性和民族性，但是也不能将自己封闭起来，一味强调传统文化的主体地位而排斥对西方优秀文明成果的借鉴吸收。这是因为，不同民族间文化交流互鉴的过程，也是发展本民族文化的过程，应坚持和弘扬平等、互鉴、对话、包容的文明观，在促进马克思主义与中华优秀传统文化相结合的过程中，要有包容互鉴的态度，自觉主动去吸收借鉴西方文明中的有益成果，做到“洋为中用”，这不仅体现了马克思主义与时俱进的要求，也体现了中国传统文化开放包容、兼收并蓄的内在品质。

树立正确的态度，坚持正确的融合方法。吸收借鉴西方优秀的文明成果，一方面，要树立开放友好的态度；另一方面，要坚持不忘本来、吸收外来、面向未来的方针。不忘本来才能在世界民族之林中站稳脚跟，一个民族，如果丢掉了本民族的优秀历史文化传统，那就等同于放弃了本民族的灵魂，更难以实现本民族的发展。吸收借鉴西方优秀的文明成果才能促使我们不断与时俱进，西方文化同样有较为优秀的文明特质，我们要有分析、有鉴别地加以吸收和借鉴。因此，只有面向世界，中华民族文化才会有所发展。马克思主义与中华优秀传统文化的结合不仅要立足中国特色社会主义实践，也要把握世界脉搏，从而为世界发展贡献中国智慧。面向世界吸收借鉴西方优秀文明成果，就要坚持不忘本来、吸收外来、面向未来的有机统一，否则，外来文化不仅不能很好地被吸收，还会丧失对本民族文化的认同，阻碍马克思主义与中华优秀传统文化的进一步融合。[1]

---

[1] 尚庆飞.“第二个结合”深层逻辑的三维分析 [J]. 马克思主义研究，2023（2）：41-48.

第二节　马克思主义与中华优秀传统文化融合的现状

一、文化自身方面

（一）对于马克思主义文化理论的深刻理解要求较高

马克思主义文化理论博大精深，要想学懂弄通实非易事。一方面，不同民族的文化有其独特的风格和特点，马克思主义文化理论作为一种源自于国外的文化体系，有其自身的语言特色和思维习惯，同中华民族的语言习惯和思维方式有着显著差别，马克思主义文化理论要在中国大地上生根发芽并作用于中国实践，必然面临着一个本土化中国化的过程；另一方面，马克思主义理论是一个内容众多、体系完整的理论体系，从中提取出符合我国现实需要的“基本原理”内容是一项艰巨的工程。这是因为“马克思主义基本原理”只是马克思主义中的具有普遍适用性的部分，并不包括其理论体系中的全部内容，马克思主义理论体系除了包括“基本原理”的内容之外，还包含着有关于具体国家和民族的经验层面的论述，这部分内容不能被作为解决我国现实难题、促进我国发展的理论指导。虽然当前我国对马克思主义文化理论的总结与研究取得了很大的成就，但从包罗万象、博大精深的马克思主义理论体系中穷尽对其“基本原理”部分的提取、研究并付诸实践是一项需要长久时间且较高要求的任务。[1]因此，我们要深入研读马克思主义经典著作，这不仅是对马克思主义文化理论的深入学习和理解，更是为了结合中国实际，提炼出具有中国特色的马克思主义文化理论成果，在这一过程中，

---

❶ 周玉姣．马克思主义基本原理同中华优秀传统文化相结合的实现路径研究 [D]. 郑州：郑州轻工业大学，2023：25.

要注重将马克思主义文化理论同中华优秀传统文化中的哲学思想、人文精神相融合。

（二）梳理历史厚重的中国传统文化难度较大

对于中国传统文化而言，主要面临着如何去除传统文化中的糟粕而保留其优秀与精华部分以及如何推进其实现创造性转化和创新性发展的问题。人们对产生于华夏文明的传统文化通常有多种称呼，如“传统文化”“中国传统文化”“汉文化”“华夏文化”等，它们的表述虽有差异，但其包含的内容大体一样。如何区别传统文化中的精华和糟粕，保留中国传统文化中的优秀部分，不是轻轻松松就可以做到的，用什么样的标准来辨别判断优秀是需要关注和解决的一个重要难题。

中国传统文化产生并发展于特定的历史背景中，其内容和形式带有浓厚的封建社会印记。这是由于中国传统文化发展于以小农经济为基础的农业社会时期，镌刻着深刻的封建印记，这种产生于封建社会中的文化同当下的社会主义文明有着显著的差别。当前中国的社会历史进程已经进入到了中国特色社会主义新时代，中国传统文化中的很多内容对当今社会依旧有着很强的借鉴意义和影响作用。当前我国的政治、经济、文化、科技、教育等事业已经发生了翻天覆地的变化，截然不同于封建社会的小农文明，这使得中国传统文化的存在和发展正遭受着现代文明的挑战，如何改造和创新传统文化，使其适应现代社会的发展，在现代文明中继续发挥积极作用，是当下面临的问题之一。为此，应建立专门的传统文化研究机构，系统整理传统文化典籍，在此基础上，需要辨析其中的精华与糟粕，制定科学的标准，对传统文化进行客观、公正的评价。为了推动传统文化的创造性转化和创新性发展，应鼓励学者进行跨学科研究，将传统文化与现代科技、经济、文化等相结合，通过跨学科的视角和方法，探索传统文化在现代社会中的应用价值和发展路径，使其适应现代社会的发展需求，在现代文明中继续发挥积极作用。

二、责任主体方面

（一）人民群众参与意识不足

推进“第二个结合”是推动实现国家和民族永续发展的一项重要事业，党和政府、哲学社会科学工作者和文艺工作者在推进二者相结合的过程中发挥着主要作用，而广大人民群众作为重要的参与主体对于推进二者相结合整体上参与意识不足。究其原因，主要是因为部分人民群众对马克思主义基本原理同中华优秀传统文化相结合的必要性重要性认识不足，这就导致了占据社会人数绝大多数的广大人民群众在推进“第二个结合”的过程中并未发挥出其最基本的作用，这一现象势必会延缓“第二个结合”的进程。[1]

人民群众对马克思主义基本原理和中华优秀传统文化的认识和理解不足，无疑是不利于推进“第二个结合”的。基于此，应采取积极策略，增强人民群众的参与意识，可以通过宣传教育、文化活动等多种形式，提高人民群众对马克思主义和中华优秀传统文化的认知度和认同感。同时，可以依托各种媒体平台，用通俗易懂的语言和生动有趣的案例，向人民群众普及马克思主义的基本原理和中华优秀传统文化的精髓；可以组织各种讲座、展览、演出等，让人民群众在亲身参与中感受马克思主义和中华优秀传统文化的魅力。

（二）部分学术研究脱离实际

文艺工作者和哲学社会科学工作者是推进“第二个结合”创作主体中的中坚力量，然而部分创作主体在创作中表露出的种种问题背离了推进“第二个结合”的初衷和原则。

文化的生产与创作应该基于社会发展的需要，从现实的问题着手。而

---

[1] 张允熠．中国共产党人马克思主义中国化的心路历程——从“一个相结合”到“两个相结合”[J]. 毛泽东邓小平理论研究，2022（11）：1-9，108.

当前的发展现状却是，部分文艺工作者和哲学社会科学工作者所创作的学术研究成果仅仅是对别人观点的拼凑，难以满足现实发展的的需要。虽然他们提出的一些所谓老经验、老办法对解决一些问题仍有很强的借鉴意义，但社会在不断发展，新问题、新挑战层出不穷，用那些过去的、陈旧的方法去解决这些问题和挑战总是无法达到预期的效果。

马克思主义基本原理是来源于人民群众的理论，其最终目的和归宿也应是指导人民群众的实践。“第二个结合”的一个重要目标就在于提高人民的思想道德素质，丰富人们的精神生活世界，助推国家方针政策在社会大众中的普及。因此，“第二个结合”的成果也应为人民所理解和掌握。必须加强学术研究与实践的结合，引导文艺工作者和哲学社会科学工作者深入实际、深入生活，从现实问题出发进行学术创作和研究，确保学术成果具有针对性和实用性；鼓励原创性思考，避免简单拼凑他人观点，提升学术成果的创新性和独特性；注重学术话语的通俗化、大众化，使研究成果更易于被人民群众理解和接受，真正发挥指导实践、服务人民的作用。通过这些措施，可以推动马克思主义与中华优秀传统文化更好地融合，为社会发展提供有力的思想支撑。

三、文化环境方面

（一）西方主流文化的挤压

长期以来，西方主流文化对中国主流价值观的侵袭和冲击，严重威胁了我们国家的意识形态安全，对于推进“第二个结合”造成了巨大的挑战。西方发达国家以其在文化上的优势地位，通过暴力或非暴力手段，对其他国家进行长时间的文化灌输和渗透，以达到改变这些国家社会制度的目的。西方国家通常打着“自由”“民主”“人权”的幌子在中国宣扬他们自以为是的“普世价值”，试图在无形之中实现对中国人民的价值观渗透，如果对于这些做法不加以阻止，既不利于中华优秀传统文化在当代中国的传承与发展，更不利于巩固马克思主义在意识形态领域的主导权，严重影响了“第二个结合”的健康有序推进。[1]为了应对这一现状，我国必须加强文化安全建设，提高文化自信，坚定抵制西方文化渗透和意识形态侵袭，通过教育、媒体宣传等多种渠道，增强人民群众对中华优秀传统文化的认同感和自豪感，让人民群众深刻认识到中华优秀传统文化的独特魅力和价值。同时，也要巩固马克思主义在意识形态领域的主导权，确保“第二个结合”能够健康有序推进，为国家的长治久安提供坚实的文化支撑。

（二）非主流社会思潮的影响

非主流社会思潮是指并非党和国家主导或倡导的思潮，其学说和主张在整个国家社会中不占主导地位，民间的色彩较为浓厚，与主流的意识形态、价值观往往呈现相悖的态势。每一种非主流社会思潮都有着自身的理论基础、话语体系和价值观表达，在社会的思想文化建设中渗透着某些方面的价值偏好，迎合了小部分人民群体的利益需求，这些非主流社会意识形态通过加强话语体系建设和广泛传播不断提升自身的影响力和知名度，让更多的人接受其传输的理念和价值，甚至有时可以发挥同主流意识形态相一致的作用，对国家和社会的意识形态安全会带来巨大的危害和挑战。[2]因此，我们要对非主流社会思潮进行批判和引导，防止其干扰和破坏主流意识形态。加强对社会思潮的监测和研究，及时掌握其动态和趋势，通过对话、交流等方式，引导其向积极、健康方向发展；促进非主流社会思潮与主流意识形态形成良性互动，共同推动马克思主义与中华优秀传统文化的融合与发展。

---

[1] 中共中央文献研究室．习近平关于社会主义文化建设论述摘编 [G]. 北京：中央文献出版社，2017：107.

[2] 刘勇．增强当代中国主流价值观话语权面临的挑战与对策研究 [J]. 马克思主义研究，2017（7）：83.

四、文化传播方面

（一）文化产业发展活力不足

在市场经济快速发展的今天，文化产业已然成为满足广大人民群众文化消费需求的主要渠道，民族文化通过被包装生产成为具体可感知的商品，进入到市场流通领域，被人们选择和消费，从而满足人们的文化需求。但我国文化产业仍存在很多问题，阻碍了民族文化资源价值的转化和实现。诸如文化产业的创新能力不足，导致文化精品少，很多生产出来的文化产品只能引起人们的短暂兴趣，难以实现持久的发展，更无法在国际上产生较大的影响力；政府对文化产业发展干预过度，难以发挥市场在文化产业发展中的自主调节作用，导致文化产业发展缺乏活力、后劲不足；文化产业建设无明确的重点领域，缺乏统筹规划，导致很多地方和领域盲目跟风，出现雷同的文化产品，具有代表性的特色文化产品少，造成了财政资金和文化资源的极大浪费。文化产业发展存在的这些问题导致其发展活力不足，从而使民族文化资源的价值难以被充分发挥和利用。在此基础上，我国应加大文化产业创新力度，鼓励文化企业积极研发具有中国特色的文化精品，努力提升文化产品的国际影响力；政府应适度放权，减少不必要的干预，充分发挥市场在文化产业发展中的调节作用，增强产业活力。

（二）文化传播模式有待创新

随着时代的发展和互联网科学的进步，虽然传统主流媒体紧跟时代步伐，建立了网络新媒体同步平台，但并没有完全实现传播内容和模式的创新。在内容的传播上，部分主流媒体传播模式话语表达形式较单一，不能充分考虑到受众群体的多样化需求，在传播方式上也较为简单，受众只选择被动地接受这些内容；在传播效果上，主流媒体的文化传播模式，较缺乏反馈机制，缺少倾听与对话，缺乏针对受众的深入调查分析和跟踪评价。所以，主流媒体应紧跟时代步伐，不仅要建立网络新媒体平台，更要注重传播内容和模式的创新，采用多样化的话语表达形式，增强文化传播的吸引力和感染力。同时，建立反馈机制，倾听受众声音，加强互动对话，确保文化传播效果，让广大青年等受众群体真正接受和理解文化传播的内容，有效维护国家意识形态安全，推动马克思主义与中华优秀传统文化更好地融合与传播。[1]

[1] 周红兵.图式转换与叙事创新：中国文化对外传播的实践进路[J].湖北大学学报（哲学社会科学版），2025，52（2）：159-169.

第五章　马克思主义与中华优秀传统文化融合的根本途径

第一节　吸取历史的主要经验

一、坚持马克思主义的主导地位

新时代在推进“第二个结合”的进程中要始终坚持马克思主义的主导地位，这既是对历史经验的总结，又是由马克思主义自身优秀的理论品质决定的。同时，坚持马克思主义的主导地位要求人们必须遵循一条重要的原则，就是必须以科学辩证的态度对待马克思主义，不能不加甄别地全盘吸收和照搬照抄马克思主义的全部内容。“第二个结合”的可能性在于马克思主义与中国传统文化既存在视域基础的融合性，也具备内容的契合性，其实质是运用马克思主义基本原理辨别中国传统文化中的优秀成分，在更高层次推动马克思主义中国化发展的过程。[1]

第一，当下在推进“第二个结合”的过程中，必须始终坚持马克思主义的主导地位。马克思主义是我们立党立国、兴党兴国的根本指导思想。实践告诉我们，中国共产党为什么能，中国特色社会主义为什么好，归根到底是马克思主义行，是中国化时代化的马克思主义行。拥有马克思主义科学理论指导是我们党坚定信仰信念、把握历史主动的根本所在。在中国

[1] 刘同舫．“第二个结合”与文化主体性的巩固 [J]. 思想理论教育，2024（1）：4.

共产党的百年奋斗历程中，马克思主义在思想政治领域始终处于主导地位，在促进新中国的发展演进中始终扮演着重要的角色。马克思主义作为科学真理，具有其他任何一种理论和文化都不曾有的优秀品质，不仅为人们指明了社会发展的道路，还为人们解决问题提供了具有科学性和价值性的指导办法和启发。

中华优秀传统文化在推进马克思主义中国化、民族化、本土化的传播与发展过程中发挥着重要作用，但并不是说中国的本土文化就比马克思主义更为重要，在实质上仍是将马克思主义放在主导地位上，无论发生何种变化，这都是我们不能动摇的根本原则。因此，在新时代推进“第二个结合”，毫无疑问地要始终坚持马克思主义的主导地位。

第二，充分发扬马克思主义的优秀理论品质。真理性、科学性、实践性、人民性、开放性与时代性是马克思主义真理学说具有的优秀理论品质。正是因为马克思主义散发着真理性光辉，有着与生俱来的优秀品质，一经在中国广泛传播开来，就引发了广大知识分子和青年群体的浓厚兴趣和热烈追捧，虽然也曾遭到保守派、顽固派等反对势力的反驳和否定，但马克思主义并没有因此被扼杀和消失，而是凭借其强大的生命力在思想界迅速占有一席之地并成为主流。当前我们重点强调“第二个结合”，更加重视中华优秀传统文化在社会主义现代化强国建设中的重要作用，并不是为了弱化马克思主义的主导地位，而是通过中华优秀传统文化不断充实和丰富马克思主义，以此巩固马克思主义在意识形态领域的根本指导地位，促进马克思主义在中国的传播和发展。马克思主义基本原理为推动中华优秀传统文化实现“两创”提供了根本的理论指导，若失去其指导作用，中华优秀传统文化便很难焕发出新的生机和活力，难以将其精神和强大的力量散发出来。因此，在新的时代条件下推进“第二个结合”，要做到固本培元，即要用中华优秀传统文化中的仍具有很强借鉴和启示意义的先进价值和理念来加强和巩固马克思主义在我国的指导地位，充分激发马克思主义优秀理论品质的强大作用，并在此基础上促进中华优秀传统文化的传承、创新和发展。[1]

第三，以科学辩证的态度对待马克思主义。党的百年征程向人们证明，采取何种态度对待马克思主义深刻影响着国家的前途命运。实践证明，只要以客观正确的态度对待马克思主义，国家就可以发展得更加美好，不断取得进步和成就；反之，国家的发展就难以在困难和挫折中获得解救，停步不前甚至进入历史的倒退。所以，我们必须以科学辩证的态度对待马克思主义。[2]

一方面，要以科学辩证的态度对马克思主义的内容加以区分和选择。马克思主义包含丰富的内容，其中既有具有普遍性的真理，又包括关于某个国家发展的具体经验。每个国家的发展现状和国情千差万别，马克思主义中提到的有关具体国家的发展经验并不一定适用于我国，意味着我们在从马克思主义中汲取解决问题的智慧时必须学会甄别、选择和转化。我们要选择和学习的是马克思主义基本原理的基本立场、观点和方法等具有普遍指导意义的内容，同时要注重将这些真理同我国的具体实际情况有机结合起来，不能把马克思主义当作教条，不加考虑地吸收和套用。此外，我们还要不断锻炼自己从具体经验中抽象出具有普遍适用性真理的能力，在此基础上不断丰富和发展马克思主义，推进马克思主义中国化。

另一方面，要以科学辩证的态度提高理解和运用马克思主义的能力，防止马克思主义陷入庸俗化的境地。在中国共产党成立初期，由于受特定社会环境的影响，马克思主义理论者对马克思主义进行理解运用的水平和能力不足，常借助一些特定的方式来解读马克思主义使其更加通俗易懂，但因操作和借助不当，对马克思主义的阐释脱离了本意并变得庸俗，从而不利于马克思主义指导实践作用的有效发挥。所以，当下我们要以正确的态度对待马克思主义，要划清通俗化与庸俗化的界限，这是因为通俗化不可避免地要借助一些形象、比喻、成语、故事等作为辅助，也难免在一定

---

[1] 朱汉民．文化主体性与“第二个结合”[J]. 哲学动态，2023（11）：5-12.

[2] 张艳涛．怎样科学对待马克思主义 [J]. 马克思主义研究，2012（5）：29-34.

程度上降低论证的严密性，但绝不能以牺牲理论的准确性为前提，也绝不能因为一味追求通俗易懂而造成理论的误解，进而陷入庸俗化。

二、扎根于人民群众的生动实践

人民群众是社会历史的创造者、传承者，是社会历史发展的决定力量。马克思主义的本质在于维护最广大人民群众的根本利益，为人民造福，使人民获得真正的解放。中国共产党的百年历史就是依靠人民走出的伟大征程，党创造的一切历史伟业都是基于人民群众的生动实践。为此，推进“第二个结合”要牢牢把握住这个根本性主体，既要维护好广大人民群众的根本利益，又要注重从人民群众的生动实践中获取力量和智慧。[1]

推进“第二个结合”，要注重从人民群众中汲取力量，扎根于人民群众的生动实践。人民群众是传承和发扬中华优秀传统文化的主力军。回顾“第二个结合”的历史进程，深受中华优秀传统文化熏陶和影响的人民群众在无形之中将中国传统文化中蕴含的道德品质、价值理念等充分展现了出来，涌现出来的一批批坚定的社会主义建设者、先进人物、模范榜样身上无不体现着古代先贤人物的英勇无畏、坚韧不拔、不怕吃苦、不惧牺牲的伟大精神，他们都有着对国家和民族的深厚情怀和坚定的共产主义理想信念，这些优秀品质共同构筑起推动“第二个结合”的精神力量根基。推动“第二个结合”，必须坚持人民立场，立足于人民群众的生产活动和社会实践。

一方面，要深入到人民群众中去挖掘“第二个结合”的素材。能够满足人民需要和提升人民生活质量的创作才能散发出真正的价值。要立足于人民群众的现实生活需要去挖掘“第二个结合”的内容，广泛深入到人民群众的生活和生产一线去寻找“第二个结合”的灵感和素材，以回应人民需求、人民关切，使结合的成果发挥出实实在在的作用。

[1] 姜永建. 论习近平人民观的三重维度 [J]. 深圳社会科学，2020（1）：13-19.

另一方面，我们所做的一切努力和事业都是为了人民，“第二个结合”的最终落脚点就在于惠及人民。要做到用文化滋养人、感化人、培育人，不断提高人民群众的文化自觉和文化自信，要让中国人从骨子里感到骄傲和自豪。要把推进“第二个结合”的过程和成果广泛融入人民群众的生活生产活动中，让人民群众能够从参与者的角度去感受“第二个结合”，从而帮助人民群众树立正确的价值观、历史观、文化观和人生观，不断提高全社会的精神文明程度。

三、推动中华优秀传统文化实现“两创”

中华优秀传统文化是我们推进“第二个结合”的重要文化载体。要有效地推进“第二个结合”，我们不得不考虑如何发挥中华优秀传统文化的作用。中国传统文化产生于封建社会中，有着特定的生成环境和时代背景，它包含的一些内容和价值理念必然同当今社会的发展要求不相符合，但中华优秀传统文化作为中国传统文化的“根”和“魂”，其内在的精神品质和治国理政经验等内容依旧有着重要的借鉴价值和启发意义。因此，推动中华优秀传统文化实现“两创”是解决当今世界面临的难题与推进“第二个结合”的必由之路。破解中华优秀传统文化的“两创”面临的难题是，一方面要对中华优秀传统文化中有借鉴价值的内涵赋予新的时代内容，同时补充拓展完善优秀传统文化的内容，增强其影响力和感召力；另一方面，对中华优秀传统文化陈旧的表现形式赋予现代表达形式。[1]

第一，要正确看待中华优秀传统文化中“传统”一词的含义。“传统”一词，从词源意义上来考察，不论在西方或中国，都表示着后来的人们在生活中所面对的，由前人所创造、形成并长期存在的社会政治制度、经济制度、价值观念、道德思想和生活方式。传统表达了时间的先后概念，即

---

[1] 李怀涛，杨文烨．中华优秀传统文化“双创”的路径探析 [J]. 首都师范大学学报（社会科学版），2023（4）：1.

中华优秀传统文化是由前人而不是现在的人创造的。但传统文化中包含着的很多价值理念不是因循守旧、墨守成规的，中华优秀传统文化自身的繁衍发展过程经历了一个不断否定、不断创新、不断再发展的过程，它会随着人类社会实践的不断进步去改变和更新自身的内容和价值体系。

中华优秀传统文化中包含着很多积极的有利于促进新事物成长的内容，这些内容是其精神内核和本质，如果一个民族舍弃了自己的传统文化，就相当于割断了这个民族继续生存下去的精神命脉。于当下的中国而言，我们继续传承和发扬中国传统文化，不是原封不动地恢复古代的文化，而是根据新的时代需要，在吸收传统文化的基础上，实现传统文化的再创造，即在历史的进步中推动文化的不断进步。

第二，需要处理好继承和创新的关系。要挖掘好继承好中华优秀传统文化中对当代社会发展具有重要启示和指导意义的内容。中华优秀传统文化之所以可以经久不衰，在全世界范围内具有非常广泛的影响力，就在于其中包含着很多优秀的具有普适性的内容。对这些内容我们要以辩证、客观、全面的态度来对待，充分挖掘并继承中华优秀传统文化中蕴含的重视诚信、讲求仁爱、善于亲民、崇尚正义等积极合理的内容，为提高人民的精神境界和社会文明程度提供文化支撑。在此基础上，要根据时代发展和社会主义现代化建设的需要不断推动其实现创新和转化，形成更多符合时代发展规律和满足现实需要的文化成果。中华优秀传统文化的继承和创新，要以马克思主义的基本立场、观点和方法作为根本指导。要在马克思主义的指导下，基于中国国情和时代需求，不断丰富、改造、创新、完善中华优秀传统文化的内涵，使中华优秀传统文化中蕴含的基本内容与当代社会相适应。[1]

第三，推动中华优秀传统文化的“两创”要以社会主义核心价值观为引领。从本质上看，中华优秀传统文化和社会主义核心价值观之间是相

---

[1] 王增福．传承创新中华优秀传统文化需正确处理六大关系 [J]. 山东师范大学学报（人文社会科学版），2018，63（3）：103-113.

辅相成、相互促进的关系。意味着我们要坚持以社会主义核心价值观为引领，推动优秀传统文化的创造性转化和创新性发展，找到优秀传统文化和现代生活的连接点，不断满足人民日益增长的美好精神生活需要。

一方面，丰富社会主义核心价值观的内涵需要从中华优秀传统文化中获得滋养和启发。中华优秀传统文化中蕴含的家国情怀、道德理念、人文精神、哲学思维等是社会主义核心价值体系的重要组成部分，社会主义核心价值观的全部内容都可以从中华优秀传统文化中找到文化支撑。

另一方面，推动中华优秀传统文化实现“两创”必须以社会主义核心价值观作为价值指引。中华优秀传统文化的“两创”必须符合中国社会发展的主流思潮和满足中国人民的精神需要，有着鲜明的现实指向。社会主义核心价值观代表着国家和民族的基本价值目标和理念，人们要在其引领下将中华优秀传统文化体现的审美追求、人文精神、道德观念等转化为当代国人修身养性、提升自我的精神和实践养料，促使中华优秀传统文化的精神内核在中华儿女中生根发芽，建造起中国人民最温情的精神家园。

四、聚焦于“两个大局”解决新的时代课题

坚持理论与实际相结合是马克思主义真理中永不过时、永不改变的方法论，这要求我们推进“第二个结合”必须立足当下，将我国的现实情况和现实需求作为出发点和落脚点。中国共产党提出“第二个结合”的战略部署，是对我国发展的长久谋划。当前，我国正处于中华民族伟大复兴战略全局和世界百年未有之大变局的历史新方位，国内外环境发生了深刻变化，这是推进“第二个结合”必须重点考虑和把握的实际。[1]

变幻莫测、波谲云诡的国际外部环境和不平衡不充分的国内发展环境迫切地要求我们推进“第二个结合”。

---

[1] 罗嗣亮，江秋飞．“第二个结合”：出场逻辑、结合理路和实践原则——以毛泽东妙用中国神话典故为例 [J]. 毛泽东研究，2023（4）：96-106.

一方面，当前的世界局势发生了深刻变化，正在经历百年未有之大变局，基于大国博弈基础上的局部战争和区域动荡此起彼伏，世界性的热点问题和难题已屡见不鲜。虽然目前我国在国际上的地位显著提高，更加靠近世界舞台的中央，但在国际话语权方面仍存在失语失声现象。这就要求我们要大力推进当代马克思主义在我国的发展，不断强化马克思主义在意识形态领域的主导地位。

另一方面，虽然中国共产党带领全国人民经过百年奋斗取得了丰硕的成果，国内发生了翻天覆地的变化，总体上社会和谐稳定、人民幸福安康，但在文化发展建设等领域仍存在一些短板和弱项。比如，我国的经济发展已经取得了长足进步，国内经济生产总值位居世界高位，人民的物质生活需要得到了极大满足，但人民精神生活领域的发展建设依然存在不足，这说明保持经济可持续性发展的动力有待更深入地挖掘。基于此，在推进“第二个结合”的过程中，只有不断推动理论创新同新的生产实践的有机结合，才能回应时代之问，将中华民族伟大复兴的事业推向前去。

因此，坚持并推进“第二个结合”要做到立足现实、胸怀天下，聚焦“两个大局”解决新的时代课题。要着眼于人民和国家的需要，不断开辟马克思主义新境界。要准确把握思想文化领域内多变思潮的发展态势，认清问题、及时作出回应，对负面的舆论舆情及时作出处理，有力维护我国意识形态的稳定和安全。要及时了解人民的精神文化需要，不断提高和丰富人民的思想文化境界，用“第二个结合”取得的成果解决发展难题、响应人民关切、提升民族凝聚力。要不断增强文化自信，提升中华文化的国际影响力。要推动中华优秀传统文化在世界范围内的广泛传播和发展，提高世界人民对中华文明的兴趣和信任，提高中华优秀传统文化在国际上的影响力、知名度和吸引力，让中华文明在世界的动荡局势中站稳脚跟，为解决世界难题贡献中国思路和方案。要继续加强社会主义文化强国建设，构建中国特色哲学社会科学体系，充分利用马克思主义的真理力量和中华优秀传统文化的卓越智慧，打造出可以在世界范围内引起广泛反响的新理念新观点，为世界的繁荣发展、全人类的幸福美满贡献力量，进而增强中国力量、中国智慧在人类文明进程中的影响力和贡献度。

第二节　破解责任主体面临的困境

党和政府、哲学社会科学与文艺创作者以及广大的人民群众是推进"第二个结合"的重要责任主体。探究新时代推进"第二个结合"的实现路径，必须聚焦"第二个结合"的责任主体方面存在的问题，在此基础上提出适合的解决策略。[1] 基于此，破解责任主体在推进"第二个结合"中面临的困境应着眼于以下方面。

一、正确看待文化功能

推进"第二个结合"需要充分挖掘并发扬中华优秀传统文化中蕴含的真精神和育人价值，只有这样才能使二者的结合达到一个融会贯通、形神兼具的应然状态。然而，由于受到社会上过分追求实用和经济效益的浮躁风气的影响，传统文化的传承与发展面临着实用主义困境和功利性困境。

过度注重文化的功利性同属过分重视文化实用性的范畴，文化实用主义和文化功利主义有着相似的特点和表现，即将文化创造的物质层面的价值和利益作为衡量文化实用性的标准，忽视文化的真精神和育人价值，只注重文化的实用性和带来的经济利益。文化的本质作用在于赋予人们知识和智慧，净化人们的心灵，锻造人们的思想，帮助人们建立健全的人格，以使人具有可以维持自身全面发展的能力。文化实用主义和功利主义无疑会造成对中华优秀传统文化的误解和曲解，不利于中华优秀传统文化发挥其真正的价值和作用，不利于中国现代社会的创新和发展。因此，破解文

---

[1] 李安增，陈邦璐．推进马克思主义基本原理同中华优秀传统文化相结合的实践理路 [J]. 齐鲁学刊，2024（5）：51-62.

化的实用主义和功利主义困境是需要人们重视的问题，可以从以下方面入手。

（一）树立正确的文化政绩观

在利用和发展传统文化时，过分注重和在意文化对个人政绩的贡献以及带来的经济效益是一种狭隘的观点和做法，过分地强调文化的功用性只会导致文化的扭曲和变形。人们必须改变这种心态和做法，正视文化的功能，考虑文化可能带来的长远利益和效益，保证中华优秀传统文化始终处于一种可持续的良性循环发展状态。

（二）回归并保持文化的本质功能和作用

文化的本质功能和作用在于育人、化人和成就人。当代社会纷繁复杂的环境使得中华优秀传统文化难以保持其至纯至真性，常被过度解释和利用，这要求人们在学习和利用中华优秀传统文化时必须拥有尊重之心、敬畏之心，让其回归到育人、化人和成就人的本质功能和作用上，实现社会物质文明和精神文明的同步发展和提高。

（三）辩证对待文化的经济效益和社会效益

人们要正确对待文化的功用，要以理性的思维和态度去考虑在推动中华优秀传统文化的创新和发展过程中带来的何种效益更为重要，要将目光更多地聚集到文化发展对国民整体素质的提高以及实现中华民族长远发展的目标上。当文化的经济效益和社会效益无法同时兼顾时，要果断地选择文化的社会效益，让文化能够摆脱短期利益的阴影，实现长远健康持久的发展。只有全面、辩证、科学地对待中华优秀传统文化，注重中华优秀传统文化的育人价值和真精神，才能冲破实用主义和功利主义的束缚，摆脱文化的实用主义和功利主义困境。

（四）维持中华优秀传统文化发展和创新的动力

人们可以充分挖掘中华优秀传统文化中蕴含的丰富内涵和民族精神，创造更加有利的条件来充分彰显其同当代社会、当代文明、当代文化等相匹配相适应的内容和精神，以展现中华优秀传统文化在当代具有的强大生命力和价值，推动中华优秀传统文化的创新和发展。比如社会主义核心价值观的培育和社会主义文化强国建设等均为中华优秀传统文化的创新和发展提供了重要的动力和平台。

二、制定责任主体选拔标准

推进“第二个结合”既需要党和政府高屋建瓴的指导，又需要专项责任人认真细致的研究与琢磨。这是一项持久且复杂的工作，由于文化本身具有的特殊性，对政府相关责任人的专业性要求就更为严苛。推动“第二个结合”的责任主体不仅需要出色的工作能力，还需要渊博丰富的专业知识。

在人才的选拔方面，要制定全面可行的选拔标准。由于选拔过程和结果会受到多种因素的限制，如果只关注对于人才选拔一般性的要求，而忽视基于这种一般性要求选拔出来的专职型政府工作人员能否承担起推进“第二个结合”这一重要工作，无疑是不利于实现“第二个结合”的。所以，在选拔政府专项负责文化发展的工作人员之前，一定要充分了解马克思主义基本原理同中华优秀传统文化的基本内容特点，以及从事此项工作对责任人的基本要求，由此制定选拔标准。此外，还要对此项工作进行广泛宣传，吸引更多的年轻人参与到研究和推进“第二个结合”的工作中，使得管理与研究队伍更加年轻化、专业化，促进此项工作长远持久地发展。需要做好以下方面的工作。[1]

---

[1] 李安增，陈邦璐．推进马克思主义基本原理同中华优秀传统文化相结合的实践理路 [J]. 齐鲁学刊，2024（5）：51-62.

第一，政府制定并出台科学选拔人才的标准。选拔标准既要注重考核被选拔者的基础知识功底，又要注重考核被选拔人员的工作能力，还要注重发掘被选拔人员的潜在实力。

第二，制定推进“第二个结合”的标准与蓝图。保证推进“第二个结合”的工作紧扣主题，不偏离主线。党和政府不仅要制定选拔主体的标准，还要制定确保“第二个结合”顺着正确方向进行的标准。这就相当于为责任主体确立了工作的蓝图，有利于责任主体在有限的工作职责范围内激发出更多的潜能，有助于营造出更加浓厚的工作氛围。

第三，制订长远的人才发展计划，留住人才。推进“第二个结合”的工作是一项长远且持久的工程，只有留住人才，不断积累经验，才能保证这项工作的顺利开展和可持续发展。要制定责任主体的未来发展计划，可以通过分阶段、分层次的培训、讲座、技能大赛等不断提高责任主体的能力。在合理条件下，必要时可通过财政资金支持等来留住优秀的责任主体。同时，充分考虑到责任主体具有的普遍性与特殊性，既要注重提高责任主体的个人能力，还要考虑责任主体应该具有的综合素质能力，让责任主体既能做专项领导与研究工作，还能立足于社会，充分参与社会实践。

三、提高人民群众的精神境界

虽然广大人民群众并不完全是推进“第二个结合”的主要创作主体，但实现全体人民精神的共同富裕是我们追求的一个重要目标，也是我们要建设的共产主义社会的一个基本特点。作为我国根本指导思想的马克思主义基本原理和中华民族重要标识的中华优秀传统文化为人民精神世界的极大丰富提供了丰富的资源和丰厚的滋养。因此，推动马克思主义基本原理同中华优秀传统文化相结合是全体中国人民共同的事业，每一位社会成员都应主动参与其中，自觉为推进“第二个结合”奉献自己的力量。由于广大人民群众存在着知识文化水平参差不齐、自身道德素养不高的现状和难题，运用人民群众喜闻乐见的结合形式提高人民群众的知识文化水平和精神境界成为我们当前的重要任务。

一切脱离人民的理论都是苍白无力的，一切不为人民造福的理论都是没有生命力的。我们要站稳人民立场、把握人民愿望、尊重人民创造、集中人民智慧，形成为人民所喜爱、所认同、所拥有的理论。占据社会人口绝大多数的人民群众是最主要最基本的社会主体，是推进“第二个结合”成果的最大受众群体。因此，推进“第二个结合”的成果应被广大人民群众所接受，必须运用人民群众喜闻乐见的结合形式。推进“第二个结合”不仅是哲学社会科学工作中的重要任务，文艺文学创作事业同样可以发挥重要的作用。马克思主义是来自西方的理论，在我国已经经历了很长时间的发展，很多马克思主义的内容、观点都具有中国特色，这是中国共产党人以及马克思主义理论工作者辛勤付出的结果。但需要注意的是，“第二个结合”最普遍的受众群体是广大人民群众，让其理解弄懂马克思主义基本原理的内容仍极具挑战性。为此，我们对马克思主义进行宣传和普及，目的是让其更接地气、更加常见、更获成效，成为人民群众更加喜闻乐见的文化。这方面的工作已经取得了卓有成效的成绩，如实事求是思想、“一国两制”制度、依法治国与以德治国相结合等经典论述都是深入民心的马克思主义理论的中国式表达，对于中国的发展进步与世界难题的解决均发挥了重要的作用。❶

“新发展理念”“中国梦”“人类命运共同体”“一带一路”等思想都是富有中国特色和时代特点的通俗易懂的话语表达，既提高了人民群众对马克思主义基本原理的理解能力和接受程度，又促进了中国共产党理论方针政策的大众化宣传。从这个角度而言，马克思主义工作者在将马克思主义与大众文化进行结合时，既要将中国化的马克思主义内化于心，还要注意采取人民群众常用常见的表达方式。同时，也要充分发挥文艺

❶ 韩升，李斌．“高度契合”与“互相成就”——论“第二个结合”的逻辑前提与根本任务[J]. 河南社会科学，2023，31（12）：9-18.

工作者在推进“第二个结合”平民化大众化中的作用。文学和文艺工作者在进行文艺创作的过程中要更多融入和充分体现马克思主义基本原理的精神和中华优秀传统文化的价值观念，让人民群众在接受文艺、文学熏陶的过程中以一种潜移默化的方式感受马克思主义基本原理同中华优秀传统文化的魅力。

一些富有中国特色的名言警句、历史典故以及文学故事等也可以充分体现马克思主义基本原理中的一些观点和方法，应该将这种资源充分利用起来，使马克思主义的这些观点和方法表达得更加生动、传播得更加接地气。要充分把握先进的传播方式，利用现代媒体具有的直观生动、形式多样的特点，使生动朴实、富有民族特色的马克思主义进入寻常百姓家。比如微博、微信公众号、视频号、抖音、快手、公益广告等都是人民群众喜闻乐见的宣传形式，要充分将这些大众平台利用起来，推进独具民族风格、中国特色的马克思主义基本原理的传播与发展，不断提高人民的精神境界。

四、构建中国特色哲学社会科学自主知识体系

在当代中国，绝大多数中国哲学学者都把精力投向了对先贤、文本、传统的研究，投向了校勘、翻译、阅读、理解、诠释和传播，很少有学者去深入系统地研究相关的哲学学理问题，也很少有学者去严肃地关注当代中国的社会现实问题，并由此做出有创造性和系统性的哲学理论建构。这种只注重对文化进行表面翻译和理解，而忽略应该根据时代发展变迁的需要对文化进行深层次理性分析和研究的做法，导致了中国特色哲学社会科学的建设和研究严重脱离实际，缺乏原创性和创新性，难以创作出同现实问题结合紧密的观点和作品，进而导致中国哲学社会科学界很难在国际上获得话语权。针对这一问题，应积极响应加快构建中国特色哲学社会科学的要求。要按照立足中国、借鉴国外、挖掘历史、把握当代、关怀人类、面向未来的思路，着力构建具有中国特色的哲学社会科学体系，需从指导

思想、学科体系、学术体系到话语体系全方位彰显中国特质、中国风范与中国气度，让沉淀在历史长河中的中华文化通过当代诠释焕发新生，以更鲜活的表达形式呈现在世人面前。中华优秀传统文化中蕴含着丰富的理性思维和哲学智慧，这是历代中国人民为后世积累下来的最珍贵的财富。构建中国特色哲学社会科学话语体系，要求哲学社会科学建设必须富有中国特色和中国气派，要在中华优秀传统文化的滋养下推进马克思主义中国化，必须在“第二个结合”的实践中打造中国理论、中国方法和中国道路，以此指导中国实践、回应中国问题、解答世界难题。

没有创新性的东西是没有生命价值的，原创的作品才是好作品。构建中国特色哲学社会科学话语体系，需要从挖掘中国智慧、发现和解决真问题、开展真交流、形成真影响等方面着力。[1] 为此，必须做到以下方面。

第一，哲学社会科学工作者必须提高自身道德修养，以正确的态度对待学术创作。很多科研机构将发表论文的数量作为衡量学术工作者科研能力以及评职称的重要指标。一些学术工作者执着于名利的追求，不惜背离学术道德和规则，只注重学术成果的数量，却忽视了学术作品的质量，以抄袭、空谈的学术创作之法来达到自己的目的。因此，提高哲学社会科学工作者的自身道德修养是必要的。

第二，构建文化创新考评机制。构建文化创新考评机制是激励和保证学术工作者学术创新的重要举措。在构建文化创新考评机制时要注意考评指标的适用性和适度性，切忌考评指标过高或过低的极端性，避免考评过程走过场的形式做法。要切实发挥出学术创新考评机制的实际作用，使考评指标成为提高哲学社会科学创作水平的重要手段。

第三，学术创作要立足现实问题，从实际出发。问题是时代的声音，回答并指导解决问题是理论的根本任务。这就要求哲学社会科学工作者要自觉做到以回应中国现实问题、解决世界难题、满足人民精神世界追求为

---

[1] 张立英．构建中国特色哲学社会科学话语体系，逻辑学何为？[J]. 新文科理论与实践，2023（4）：88.

学术创作的立足点和出发点，使学术创作成果能够具有实际意义和实用价值，真正彰显出真理的力量，能够在解决国家和世界性问题上发挥出真正的作用，不断提高我们应对和解决难题的本领和能力，提升中国哲学社会科学在国际社会上的吸引力和影响力。

第三节　增强文化自觉与文化自信

受多种社会思潮的影响，我国的文化环境面临着严峻复杂的局面，这对推进“第二个结合”造成了巨大的挑战。为此，必须营造良好的文化环境，增强全民族的文化自觉与文化自信。坚定中国特色社会主义文化自信，不仅是时代的标志，也是文化的共同认知，它涉及文化的脉络和国家的命运。[1]中华民族深厚的历史文化底蕴为营造良好的文化环境、增强文化自觉与文化自信提供了丰厚的文化资源，加强对中华优秀传统文化资源的发掘是必要之举。同时，要树立正确的马克思主义文化观，理性看待消极社会思潮对我国文化环境的影响，坚持用历史唯物主义与辩证唯物主义的观点和态度对待马克思主义基本原理与中华优秀传统文化。此外，要积极吸收外来文化的有益成分，坚持洋为中用，还要注重推动中国文化走出去，增强中华优秀传统文化的影响力，加强不同文明之间的交流互鉴。

一、加强对中华优秀传统文化的发掘与弘扬

中华民族祖先用辛勤的劳动、卓绝的智慧为人们创造了丰富的传统文化资源，这些文化资源不仅包括思想价值层面的精神文化，还有着庞大的以文物、遗址为主要代表的实物层面的文化。和世界上同时期的其他文明相比，中华文明无论在哲学智慧上还是在科技发明上均处于遥遥领先的地

---

[1] 钱燕娜．新时代坚定中华文化自信自强之必然性探赜[J]. 天水行政学院学报，2024，25（2）：34.

位。文化作用的发挥并不会自发产生，需要在正确价值观的引导下通过一定的文化载体和文化活动加以多样化呈现，才能有效发挥其积极作用。加强考古工作，加强对传统文化资源的发掘与研究，使传统文化成为人民群众随处可见可感知的事物，拉近人与文化之间的距离感，对于营造良好的文化环境，提高人民对传统文化的认同感、自豪感，增强人们自觉抵制文化虚无主义的自觉性有着重要的意义。

（一）提升考古工作的自觉性

考古工作是展示和构建中华民族历史、中华文明瑰宝的重要工作。认识历史离不开考古学。目前，经过几代考古工作者的不懈努力和辛勤付出，我国的考古工作取得了一系列重大成就。这些成就对探究中华文明起源、厘清我国历史发展脉络、更好地认识博大精深的传统文化发挥了重要的作用。目前，我国的考古工作仍有很大的挖掘与考究空间，要用科学的方式继续对历史文化遗迹进行挖掘与研究，使中华优秀传统文化成为人民群众随处可感知的精神补给站。让深埋于地下的历史文物与中华文明重现于世人面前，为建设具有中国风格、中国气派的考古学奠定坚实的基础，让中华文明的魅力充分展现。

新形势下文物考古信息资源数字化的建设研究既面临着不可多得的机遇，也面临着特别多的挑战，因此，必须要加强对于文物考古信息资源的数字化的创新，灵活利用信息数字化技术，使其为文物考古的工作提供坚实可靠的数据后盾，并使文物考古工作变得更加便捷、高效。[1]

（二）增加优秀文化产品的呈现方式

对于优秀的文化产品，也要注重运用多样化的呈现形式对其进行生动的展示和表达，充分展现出其价值和意义。针对社会上存在着的文化虚无主义思潮，要采用多种形式对我们的优秀文化进行再创作，比如可以通过

---

[1] 王志英．新形势下文物考古信息资源数字化建设研究 [J]. 收藏，2023（8）：128.

诗歌、戏剧、音乐、话剧、游戏、字谜等形式传递和弘扬中华优秀传统文化中蕴含的丰富内容和价值取向，以吸引民众的关注、获得人民的喜爱、满足人民群众对文化的需求，让人民群众更加积极主动地参与文化活动，不断提高人民群众的文化自觉和文化自信。

（三）拓宽文化传播渠道

对中华优秀传统文化进行广泛传播，不断彰显其精神力量和思想价值，才有利于帮助人民形成正确的价值观、助力社会形成良好的风尚、赢得国际社会的广泛认可。因此，要拓宽文化传播渠道，扩大文化传播范围，不断增强中华文化的社会认可度与国际影响力。要将传统传播媒介和新型传播媒介结合起来，既要发挥报纸、电视、广播、电台等传统传播渠道的宣传作用，又要充分利用抖音、快手、微博、微信公众号、微信视频号等新型传播媒介具有的巨大传播力、扩散力和影响力，让中华优秀传统文化走进千家万户、走入人民内心，提升人民群众对民族文化的自豪感。同时，要利用电影、电视剧、文化文学作品、交流会等渠道推动中华优秀传统文化走出国门，向世界人民讲述生动的、优秀的、富有魅力的中华文化故事、民族文化精神，促进世界人民增强对中国的了解和认知，为中华优秀传统文化在世界范围内广泛传播树立好的口碑、营造好的环境。

二、树立正确的马克思主义文化观

马克思主义文化理论是马克思主义科学理论体系的重要组成部分，它最早由马克思、恩格斯提出，列宁进一步阐发，之后经过几代中国共产党人的努力实现了中国化，并最终形成了完善、成熟的科学理论体系。马克思主义文化理论冲破了传统文化对人民思想的禁锢，成为启迪民心、启发民智、唤起民众的重要方式。[1]只有在推进“第二个结合”的实践过程中

[1] 杨坤林.马克思主义文化观中国化时代化的历史演进与现实启示[J].江汉石油职工大学学报，2024，37（3）：81.

排除一切错误思潮的干扰，才能在推进马克思主义中国化的过程中不断开创中华民族的美好未来。发展的、不断完善的马克思主义文化观为人们正视和克服意识形态领域面临的多种消极文化思潮指明了道路，为有效推进“第二个结合”提供了重要的方法论指导。

社会上普遍存在的文化虚无主义论、文化复古主义论、西方文化中心论等消极文化思潮不断扰乱着国人内心，侵蚀着民族文化精神，削弱着马克思主义的真理力量，严重威胁了我国的意识形态安全，摧残着我国的文化自信。马克思主义文化观为我们正确认识不同文明、客观辨别不同思潮提供了重要的理论指导，有利于我们抵制消极社会思潮的传播蔓延。马克思主义文化观产生于马克思主义对文化层面理论的剖析过程中，所以马克思主义文化观是立足于无产阶级，代表着广大人民群众的根本利益。❶

第一，马克思主义文化观要求人们要坚持历史唯物主义的观点，自觉抵制文化虚无主义。物质文明与精神文明的产生是一致的，精神文明不可能自发产生，一切社会精神文明都是对社会现实的反映，都存在着一定的经济、物质基础；文化具有特殊性和相对独立性，对社会的存在发展具有反作用，优秀的适合时宜的文化会促进社会的发展。而文化虚无主义是一种错误的思潮，其本质是唯心主义，否定了中华优秀传统文化、革命文化、社会主义先进文化对我国现代社会发展具有的积极作用，从根本上否定了中国人民过去的生产劳动与实践。因此，必须用马克思主义文化观深刻揭示文化虚无主义的错误本质，正确认识和看待历史文化的重要作用，肯定中国人民为促进人类文明发展付出的功劳。

第二，马克思主义文化观认为文化具有时代性，文化的内容和内涵会随着时代和生产实践的发展和变化不断实现更新，有力批判了文化复古主义的错误观点。马克思主义文化观认为文化的内容会随着经济发展、阶级

❶ 蔡岩，王广宇，徐铭阳．马克思主义文化观视域下的中华优秀传统文化“双创”研究[J]．林区教学，2024（3）：5.

变化、时代变迁而发生改变，且新生的文化会根据时代需要汲取旧文化及其他文化中的积极合理成分，以促进自身的发展。而文化复古主义则盲目抵制外来文化，忽视中国传统文化中的消极腐朽因素，企图将传统的思想文化作为现代社会发展的准绳，这种做法必然会导致社会的后退。因此，要用马克思主义文化观驳斥文化复古主义的错误思想，树立辩证思维，既要看到中华优秀传统文化对当今社会发展的作用，又要承认社会的进步与时代发展带来的客观变化，积极汲取一切优秀的文化和思想，促进社会持续进步。

第三，马克思主义文化观认为文化具有鲜明的阶级性，代表着特定阶级的意志和利益，人们要坚决抵制以资产阶级利益为核心的西方文化中心论对中国意识形态的侵蚀。阶级在社会中的存在是一个无需质疑的客观事实。每个民族都有着自己特定的统治阶级，形成的独具特色的本民族文化体现并维护着统治阶级的利益，使文化具有鲜明的阶级属性。西方文化中心论宣扬的是西方社会的“普世价值”，强调维护以少数人为代表的资产阶级利益。而中国是社会主义国家，广大人民群众是社会的主人，维护的是绝大多数人的利益，所产生的文化具有鲜明的社会主义性质。文化虽然没有好坏优劣之分，但来自西方社会的资本主义文化与在社会主义社会中产生的社会主义文化在意识形态领域内是相对立的，我们必须警惕西方文化中心论对我国进行意识形态渗透，用辩证的态度对待西方文化，秉持洋为中用的态度和原则，积极汲取其优秀有益的部分来不断丰富和发展我国的社会主义文化。❶

三、增强不同文明之间的交流互鉴

马克思主义这一无产阶级革命思想体系赢得了世界历史性的意义，是因为它并没有抛弃资产阶级时代最宝贵的成就，相反地却吸收和改造了两

❶ 张莉．马克思主义文化观“理论逻辑”的时代诠释 [J]. 学术论坛，2015，38（8）：1-5.

千多年来人类思想和文化发展中一切有价值的东西。我们当下推进“第二个结合”的重要目标就是丰富和发展社会主义文化，形成极具中国特色的社会主义文化。因此，推进“第二个结合”应合理吸收不同文化的优秀成分，在与不同文明之间的交流互鉴中提高自身的科学性与普遍适用性。[1]

第一，对于不同的文化，要秉持平等尊重、包容互鉴的原则。虽然各具特色的文化之间存在着显著差异，但这些不同的文化共同绘就了人们丰富多彩的社会生活，使得人类文明取得持续的发展和进步。文化因存异而多彩，人类文明因交流而繁荣。要提高认识不同文明的能力，能够准确辨识自身文明同其他文明之间存在的差异，维持自我文明的特色，同时也要平等对待其他文明，尊重包容不同文明之间存在的差异，积极学习借鉴其他文明的优势和长处，促进自身文明的发展。同时，还要充分挖掘不同文明中存在的解决现实难题的有益成分，从不同的民族智慧中寻求化解世界难题的方子和良药，推动构建一个更加美丽和谐多元的世界。

第二，在学习借鉴其他文明时要立足自身需要和本国实际。不同文化之间的交流互鉴并不是为了削弱民族特色、消除不同文明之间的差异，使不同文明趋同，而是要在基于平等和开放的基础上不断实现文化共生，提升本土文化反作用于生产实践、解决现实难题的能力。换言之，我们引入并借鉴吸收他国文化来丰富滋养我们的文化，并不是让他国文化凌驾于自身本土文化之上，更不是要让自身的文化退出历史舞台、走向消亡，而是在基于我国现实需要与具体实践的基础上，通过借鉴其他文化中的合理因子，提升我们本土文化的生命力和作用力。因此，我们在与不同文明进行交流互鉴的过程中，必须立足本国国情与现实需要，不断增强民族文化特色，提升本民族文化被用于解决现实问题的能力。

第三，中华文化在与其他文化进行交流互鉴的过程中要注意理性选择、注重创新。不能够对文化进行准确定位、理性选择和主动创新，就难

---

[1] 颜晓峰．以“第二个结合”推动建设中华民族现代文明 [J]. 红旗文稿，2023（17）：1，9-12.

以保证本土文化的价值实现和长远发展。过去，我们因不够主动地进行文化选择和创新，在社会上出现了“文化复古主义”“文化虚无主义”“西方文化中心论”等错误思潮，严重阻碍了社会发展和民族进步，甚至导致了社会的倒退，这些错误思潮的负面影响在当今社会依然存在。为此，对于外来文化，我们应该分清哪些是可以学习借鉴的积极因素，哪些是需要剔除抛弃的消极因素，而不能一股脑地拿过来，盲目崇拜，甚至唯洋是尊；对于本土文化，也要进行有选择的取舍，保留优秀的精华部分，舍弃掉落后的糟粕。同时，我们必须不断锻造辨别文化的本领，要能够准确识别他国进行文化交流的动机和目的，竭力反对并打击他国假借文化交流进行分裂国家的行为，维护我国的稳定和安全。

第四节　突破文化传播的难题

一、净化网络文化发展环境

在互联网信息时代，网络空间中存在的复杂多元的社会思潮和价值观念会对广大网民的认知产生重要的影响。这些思潮和价值观念既会对广大网民产生积极向上的正面引导作用，使广大网民作出符合主流意识形态的价值认知和判断，也可能会误导广大网民对正确价值观念的选择，对我国的主流社会思潮造成不利冲击，最终消解马克思主义在网络空间中的话语权，阻碍中华民族优秀文化价值观的安全传播。因此，我们必须加强网络空间治理，净化网络文化发展环境，牢牢把握网络空间意识形态工作的话语权、主导权，不断巩固和增强马克思主义在网络空间意识形态领域内的主导地位，不断维护和提升中华优秀传统文化在网络空间内的主流文化地位。

网络空间天朗气清、生态良好，符合人民利益；网络空间乌烟瘴气、生态恶化，不符合人民利益。为此，我们要加强网络空间治理，营造风清气正的网络文化环境，削弱西方意识形态和价值观念在网络空间领域内对我国主流意识形态的挤压和破坏，切实保护我国的意识形态安全。

（一）加强网络空间主流思想文化的传播与发展

互联网时代，网络科技为广大网民行使言论自由权利提供了更为广阔的空间和平台，也为人们接受复杂多元的思想文化提供了更多便利和机会。针对西方国家有意地将其思想文化和意识形态渗透到中国网络空间以毒害人心、祸乱我国的做法，我们必须做出掷地有声的回应。为此，要牢牢把握中国主流思想文化在网络空间中的至高地位，积极发挥官方微博、官方网站、官方自媒体等在网络中的正确舆论导向作用，将马克思主义基本原理、中华优秀传统文化、革命文化、社会主义先进文化及国家意志等正确的思想文化和价值理念由浅及深、由点及面地内化于广大网民的思想观念中，使我国的主流观念和思想文化成为引领我国网络文化发展的方向标和导航器。

（二）马克思主义基本原理的平民化和大众化表达

在网络空间内，要改变人们传统的以灌输和说教方式生硬刻板地传播马克思主义的做法，要将通俗易懂的话语表达方式和生动活泼的传播方式结合起来，促进对马克思主义所蕴含的哲理的有效传播，让马克思主义基本原理以更具生活气息的方式展现在广大网民面前，提升广大网民对马克思主义基本原理的认可度、接受度、满意度和信赖度，以达到广大网民自觉将马克思主义基本原理的基本立场观点和方法内化于心、外化于行的理想状态。

（三）完善网络法律法规制度，加大网络空间治理力度

在西方资本主义强国的主导和操控下，西方主流价值观念和意识形态广泛渗透到我国的网络空间中，以各种方式极力宣扬违反社会主义建设的

“普世价值”、功利主义、利己主义、极度自由主义等错误思潮，具有极强的隐蔽性、诱导性和危害性，严重扰乱了我国的网络文化环境。因此，必须将维护网络空间安全的法律法规体系建设作为更加紧迫的工作任务，及时修正和填补网络空间中的法律空缺和漏洞，使法律法规可以有效保护到网络空间的全部领域，让企图通过在网络上散布错误思潮搅乱我国发展大局的不法分子毫无用武之地、毫无漏洞可钻，做到让一切行为都有法可依、有法必依、违法必究。

（四）提高社会主体参与网络监督的积极性与广泛性

要大力号召不同的社会主体广泛参与到网络空间治理中来，积极发挥多元社会主体在网络空间建设中的监督作用。要加强构建以中国共产党为领导、广大网民为主力军，行政、司法、社会、团体组织等多管齐下、共同参与、协同推进的监督格局，同时要积极发挥媒体监督具有的快速、及时、高效的优点，及时追踪负面信息传播源头，快速斩断错误言论传播路径，竭力追究不实信息传播主体的责任，保证网络文化空间建设和发展持续向善向好，为推进“第二个结合”营造良好的网络文化环境。

二、激发文化产业发展活力

文化产业既有意识形态属性，又有市场属性，但意识形态属性是本质属性。文化产业对于维护意识形态安全具有重要的作用。激发文化产业发展活力、促进文化产业健康发展、增强优秀文化产业影响力、让文化产业发展沿着正确的方向开展，是加强我国意识形态建设、维护我国意识形态安全的重要路径。同时，我们也要注重文化事业与文化产业的协同发展，形成二者对于营造良好社会文化氛围的最大合力，寻找提高人民群众知识能力水平与精神境界的最大公约数，为推进“第二个结合”添砖加瓦。[1]

---

[1] 杨志超.新时代推进“第二个结合”的价值意蕴、原则要求和现实路径[J].贵州师范大学学报（社会科学版），2024（3）：11-20.

（一）推进文化体制改革

在文化发展过程中，既要注重文化的经济效益，也要重视文化具有的社会效益，理顺发展文化事业与文化产业之间的关系，纠正一些错误僵化的观点和做法。例如一些观点认为，发展文化事业就应该是公益行为，发展文化产业就应该经济效益至上，这种简单对立的观点和行为严重阻碍了文化产业具有的意识形态功能与育人功能效用的有效发挥，为此必须推进文化体制改革。文化体制改革应该兼具文化产业的经济效益和社会效益。发展文化产业既要注重文化的商业价值，也要充分发挥文化具有的育人功能，尤其要重视文化产业的意识形态功能。政府作为职能部门，应该充分发挥其宏观调控功能，保证文化产业的发展沿着正确的方向运行；政府要出台针对性的帮扶政策，建立文化龙头企业，统筹规划、协调带动其他小微文化企业发展，使每个企业都可以生产出具有自身代表性的文化产品，杜绝企业间相互抄袭、盲目跟风的现象和行为，打造文化企业发展的核心品牌。同时，更要注重市场在文化产业发展中的决定性作用，充分调动企业的积极性和主动性，给予企业更多发展空间，激发和释放企业活力，使企业创作出更多优质的文化产品。

（二）加大科技在文化产业中的投入

加大科技在文化产业发展中的投入，使文化产业不断提升自身的创新意识和创新能力，创作出更多高质量高品质的文化产品。通过先进科学技术打造极具代表性的文化精品，不断提高文化产业自身的核心竞争力，提高我国文化产业在国际文化市场上的号召力、影响力，提升中华优秀传统文化在世界范围内的知名度、传播力。文化企业要牢记文化产业的本质属性是意识形态属性，提升科技赋能文化产业的作用，在注重文化产业经济效益的同时，要特别注重发挥文化产品具有的价值引领功能，提高人民群众的精神境界，帮助社会营造向上向善的良好氛围，不断提高社会的文明程度。

（三）发挥文化事业的基础性作用

文化事业由政府主导，公益性是其最基本的特性，保障着人民最基本的文化权益。要构建完善的公益性文化服务体系，最大程度实现公共文化服务的社会效益和育人功能，充分利用图书馆、博物馆、纪念馆等促进人民了解文化知识、提升个人精神境界。在公共文化事业建设过程中，要增加对马克思主义基本原理与中华优秀传统文化模块的投入与建设，让广大人民群众广泛接受这两种文化的熏陶，提高人民群众在推进“第二个结合”过程中的参与度，增强人民群众对“第二个结合”成果的接受度和理解力，让推进“第二个结合”成为一种全民共建、全民共享的事业。

三、利用科技创新文化传播模式

随着现代科学技术的不断发展，智能科技对促进国家主流价值观和文化在普通民众中广泛传播的作用更加凸显，在维护国家意识形态安全方面，其功能显得更为强大。因此，在推进“第二个结合”的过程中，我们既要加强传统的主流媒体建设，更要注重对科技革新推动下的新媒体和高科技传播媒介产品的应用，充分发挥智能媒体在促进文化传播中的作用，从而更有效地推进“第二个结合”。[1]

我们党历来重视对我国意识形态工作的建设和保护，注重对中华优秀传统文化的传承、发展和弘扬。我们必须采取合适的方式，有效发挥主流媒体的积极作用，更好地使用智能媒体，通过两种传播媒体的有效配合来推进“第二个结合”。

第一，在传播内容的选择上，可以通过主流媒体讲述生动的中国故事来促进普通群众尤其是广大青少年对“第二个结合”的了解。比如，结合时代发展和现实需要，将郭沫若先生的《马克思进文庙》进行创造

[1] 张志君，张涵.从“创新扩散”理论视角看电视传媒在“第二个结合”中的传播策略[J].中国广播电视学刊，2023（12）：26-29.

性的改造，以故事性的场景对其内容进行展现，使其表现得更加生动形象，成为受众群体可感知、易接受的对象，提高受众群体的兴致，增强用户黏性。

第二，科技的发展扩充了宣传主流价值观、主流文化的方式和渠道，我们要抓住时代发展特点和科技革新为推进文化传播带来的红利，将智能技术融入推进“第二个结合”的全过程，让推进“第二个结合”引发更多优质效应。

近年来，我国政府大力提倡要维护马克思主义在意识形态领域的主导地位、充分挖掘中华优秀传统文化资源，认为科学技术在促进中华优秀传统文化现代化和马克思主义中国化时代化中发挥着重要作用，强调要加强智能媒体与马克思主义基本原理同中华优秀传统文化间的融合。[1]实现马克思主义基本原理和中华优秀传统文化相结合在智媒时代的健康永续发展，需要国家政策、资金和技术的大力倾斜和扶持。

科技的快速发展，为文化的呈现提供了丰富的形式和渠道。例如，年轻群体热爱的一些游戏中渗透着传统文化因素，有效促进了受众群体对中华优秀传统文化内容的认知和了解。要牢牢抓住并充分利用广大青年喜闻乐见的生活娱乐形式，将马克思主义基本原理与中华优秀传统文化蕴含的思想观点、价值理念、道德规范等融入其中，用新颖的创意形式促进文化的多元化呈现，为马克思主义基本原理与中华优秀传统文化在新时代背景下的发展和传播创造更为广阔的空间。

短视频传播是当今社会促进文化传播的重要形式和载体，短视频创作因其成本低、门槛低、内容丰富、形式多样、方便快捷等优势，获得了人民大众的广泛青睐和喜爱。将马克思主义基本原理的内容和中华优秀传统文化元素经过创意化创作，在短视频平台上进行传播，可以有效加强人民对“第二个结合”的认知和了解。但受市场化经济环境的影响，加上一些

---

[1] 骆郁廷．新时代马克思主义意识形态话语权的本质是话语主导权 [J]. 马克思主义研究，2025（3）：1-9，150.

创作者知识文化水平不高，通过博人眼球的做法去获取更多的经济效益，可能会导致短视频内容创作严重失真。因此，相关部门要严格把控短视频创作质量，有效推进“第二个结合”。

第三，健全主流媒体文化传播效果的反馈机制。通过利用大数据、问卷调查、访谈对话等方式及时分析和把握有关“第二个结合”内容和成果传播的实际效果，了解受众群体的兴趣点和关注点，反思主流媒体在文化传播过程中存在的不足，及时作出调整，从而推进“第二个结合”取得更多成效。

四、加强二者相结合的学校教育

学校具有集中式、系统化、持续性进行中华优秀传统文化教育的独特优势，要把中华优秀传统文化教育作为固本铸魂的基础工程，贯穿人才培养全过程。同时，学校教育也是向学生传授马克思主义理论知识、养成正确价值观念的主场所和主阵地。因此，推动“第二个结合”，要充分发挥学校教育具有的优势，让“第二个结合”走进学校、深入课堂，不断提升学生的马克思主义与中华优秀传统文化素养，培养学生形成正确的思维观念，提高他们认识问题、分析问题与解决问题的能力。推进“第二个结合”的学校教育，需要大中小学做足教学功课、强化师资力量、完善教育长效机制。[1]

青少年身上孕育着祖国的希望和未来，是促进民族事业发展、进行社会主义建设源源不断的新生力量。实现中华民族伟大复兴的事业，为青少年一代展示自己、锻造自己、施展才华、实现抱负提供了丰富的机遇和广阔的舞台，但也对青少年一代提出了一些新要求、新任务和新使命。推进“第二个结合”的学校教育，应做好以下方面。

---

[1] 徐奉臻.“第二个结合”融入大中小学思政课一体化教学的三重意蕴 [J]. 思想政治教育研究，2025，41（1）：70-77.

（一）优化教学内容和方法

推进“第二个结合”是一项长远持久的工作，要将“第二个结合”的教育贯穿于大中小学教育全过程。由于大中小学生在思维能力、接受程度、心理素养等方面存在巨大差异，推进“第二个结合”的学校教育要根据学生所处的阶段和发展情况来确定，对不同年龄阶段的学生应采取不同的教学计划，为他们量身定制教学内容和方法。

教学内容上，要统筹规划、精心安排不同层级学生的学习内容，做好有效衔接防止断裂。对于中小学生，要侧重于中华优秀传统文化的学习和教育，同时要注重马克思主义的意识形态渗透，在潜移默化中帮助他们树立正确的马克思主义观，让他们基本了解马克思主义的基本立场、观点和方法；对于在校大学生，要对他们进行系统的马克思主义理论教育，要让他们学会运用马克思主义的基本方法分析、选择、改造、利用中华优秀传统文化，提高他们理性学习分析马克思主义与中华优秀传统文化的水平，培育并提升他们推进“第二个结合”的意识和能力。

教学方法上，要切忌生搬硬套式的理论灌输教育，要采用学生喜闻乐见的方式进行启发式教育，可以借助科技媒体等多样化的呈现形式使课堂更加生动有趣，提高学生学习的积极性和主动性。同时，教师还要善于借助两种文化之间具有的相通性内容开展比较式教学，促进学生对马克思主义基本原理内容的了解，让学生对教学内容更加入脑、入心。

（二）提高教师的理论素养和文化素养

教师职业具有一定的特殊性，其知识水平、行为习惯、人格品质、文化素养的高低好坏会直接影响到学生的学习成效。教师只有具备丰富的马克思主义基本原理与中华优秀传统文化素养，做到十分了解二者的基本内容和内在特质，才能带领学生感受两种文化的魅力，充分激发学生学习的积极性和主动性。因此，学校教育在推进“第二个结合”的过程中，要重视对相关教师的培养。既要开展有关马克思主义理论与中华优秀传统文化知识的教育与培训，也要注重提高教师的教学能力和职业素养，充分发挥教师在推进“第二个结合”中的积极作用。

（三）完善教育长效机制

不管是哪个阶段、何种程度的学校教育，较高的教学水平与良好的教育效果是提高人才培养质量、保证学校实现长远发展的基本条件。完善的教育长效机制是保证学校实现长远发展的重要保障。为此，要健全教育保障机制，为推进“第二个结合”提供足够的师资、资金、技术等保障，提高学校的教育水平。同时，要加强监管与考核工作，建立健全教育反馈机制，将看不见的隐性教育指标明朗化，保证“第二个结合”的学校教育工作顺利开展并取得好的成效。

参考文献

[1] 张恺欣 . 浅析马克思主义基本原理的内涵 [J]. 商，2016（25）：88.

[2] 解丽霞，王众威 . 21 世纪马克思主义的民族性、世界性和革命性 [J]. 高校马克思主义理论教育研究，2021（3）：31.

[3] 秦裕华 . 从可持续发展思想看马克思主义的当代价值 [J]. 临沂大学学报，2014，36（3）：63.

[4] 张晶文，陈文殿 . 论马克思主义理论实践性的生成逻辑 [J]. 东莞理工学院学报，2023，30（2）：21.

[5] 任华 . 论可持续发展观的目标及其哲学意义 [J]. 齐齐哈尔大学学报（哲学社会科学版），2005（3）：32.

[6] 郑宁波 . 马克思主义可持续发展思想的历史考察和时代价值：兼论马克思主义可持续发展思想中国化问题 [J]. 内江师范学院学报，2009，24（5）：16.

[7] 张利辉，王岚 . 马克思主义中国化历史进程和发展逻辑探析 [J]. 现代交际，2024（7）：37.

[8] 丁琦 . 马克思主义经济与可持续发展思想研究 [J]. 现代商贸工业，2023，44（13）：30.

[9] 肖贵清 . 新时代马克思主义中国化时代化研究的几个问题 [J]. 世界社会主义研究，2024，9（6）：4.

[10] 王绍哲 . 推动社会主义核心价值观融入企业文化建设 [J]. 企业文明，2024（7）：77.

[11] 刘玉红，王莉，王凤环 . 社会主义核心价值观教程 [M]. 沈阳：辽宁大学出版社，2019：30-35.

[12] 许晓丽.论中国式现代化的价值追求：以社会主义核心价值观为分析视角 [J]. 中国特色社会主义研究，2024（3）：24.
[13] 张灵，章越松，叶芳芳.论社会主义核心价值观的逻辑特征 [J]. 学校党建与思想教育，2021（1）：48.
[14] 宋琼.大学生核心价值观及其构建途径 [J]. 现代职业教育，2016（19）：45.
[15] 李华.社会主义核心价值观经典体系的构建 [J]. 社会主义研究，2015（3）：68.
[16] 李松龄.社会主义市场经济的本质特征及其普适性前景 [J]. 兰州学刊，2024（6）：26.
[17] 徐俊峰.社会主义与市场经济兼容模式的维度分析 [J]. 商业时代，2010（13）：4.
[18] 周泽红.完善社会主义市场经济体制是实现高质量发展的体制保障 [J]. 上海经济研究，2020（1）：16.
[19] 徐彤.中国化马克思主义网络传播的历史演进及现实启示研究 [D]. 扬州：扬州大学，2022：7.
[20] 周双双.马克思主义中国化的历史传承与发展逻辑 [J]. 中学政治教学参考，2024（21）：81.
[21] 买顺杰，汤建荣.马克思主义中国化时代化的历史进程和当代启示 [J]. 中国军转民，2024（14）：161.
[22] 樊志辉，李佳琦.马克思主义中国化的时空关联 [J]. 海南师范大学学报（社会科学版），2024，37（3）：9.
[23] 蔡志栋.重视互联网上的马克思主义阵地建设 [J]. 内部文稿，2002（22）：17.
[24] 唐丹.新媒体推进马克思主义大众化传播研究 [D]. 武汉：武汉理工大学，2020：5.
[25] 吴成国，梁宏达.马克思主义和中华优秀传统文化的契合机理、价值及其结合进路 [J]. 学校党建与思想教育，2024（13）：33.
[26] 周剑娜.马克思主义基本原理同中华优秀传统文化相结合的战略价值与实践理路 [J]. 大连干部学刊，2024，40（3）：20.
[27] 李怀涛，杨文烨.中华优秀传统文化“双创”的路径探析 [J]. 首都师范大学学报（社会科学版），2023（4）：1.
[28] 师吉金.马克思主义中国化时代化视域下“两个结合”的多重逻辑 [J]. 中共郑州市委党校学报，2024（3）：5.

[29] 李克明，尹晓燕．马克思主义基本原理同中华优秀传统文化相结合的内在理路 [J]. 江苏大学学报（社会科学版），2024，26（1）：70.

[30] 朱爱民．中华优秀传统文化融入农村青年党员干部思想教育的方法与实践 [J]. 办公室业务，2023（20）：29.

[31] 李雪薇．新中国成立初期党外知识分子思想政治教育研究 [D]. 西安：西安石油大学，2023：3.

[32] 宋贵伦，郭悦．中华优秀传统文化的国际传播策略研究 [J]. 传媒，2024（16）：52.

[33] 张宜海．马克思主义基本原理同中华优秀传统文化相结合的历史演进、内在机理和实践路径 [J]. 湖南科技大学学报（社会科学版），2023，26（6）：105.

[34] 汪云芳．马克思主义和中华优秀传统文化相结合的实践进路 [J]. 中国军转民，2024（13）：191.

[35] 王寒冬．新时代马克思主义基本原理同中华优秀传统文化相结合的内在机理研究 [J]. 佳木斯大学社会科学学报，2024，42（3）：8.

[36] 王国雨．中国自然宇宙观的深层特质：以唐君毅的论说为中心 [J]. 人文杂志，2024（1）：102.

[37] 唐旭晨，孟宪平．马克思主义同中华优秀传统文化之“结合”审思 [J]. 理论导刊，2024（4）：109.

[38] 李睿，马小玲．中国共产党斗争精神的文化阐释 [J]. 湖北省社会主义学院学报，2024（3）：10.

[39] 汤兴悦．马克思主义基本原理同中华优秀传统文化相结合的机理研究 [D]. 北京：中国矿业大学，2023：55.

[40] 张乾元，田瑶瑶．用马克思主义激活中华优秀传统文化探论 [J]. 湖南第一师范学院学报，2024（9）：1.

[41] 田心铭．中国化时代化马克思主义若干基本范畴及其相互关系简析 [J]. 马克思主义理论学科研究，2024，10（7）：14.

[42] 焦迪，李资源．对中国特色对外话语体系构建的思考 [J]. 学校党建与思想教育，2024（14）：94.

[43] 郑晓玉．中华优秀传统文化传播路径探析 [J]. 中国报业，2024（14）：14.

[44] 列宁 . 列宁全集：第 39 卷 [M]. 北京：人民出版社，2017：334.

[45] 余斌 . 论中华优秀传统文化的界定与新时代中国的文化自信 [J]. 马克思主义文化研究，2021（2）：81.

[46] 杜佳 . 中国式现代化的传统文化底蕴论析 [J]. 中国军转民，2023（24）：114.

[47] 张庆国 . 浅析儒释道传统文化中的生态智慧 [J]. 艺术科技，2019，32（2）：295.

[48] 陈君 . 大学之道在明明德 [J]. 质量与标准化，2023（7）：21.

[49] 未玲玲 . 道家思想下天人合一观对武当武术的影响 [J]. 中华武术，2024（10）：112.

[50] 楚渔 . 中国传统思维模式缺陷析 [J]. 北京理工大学学报（社会科学版），2011，13（2）：130.

[51] 李茂英 . 浅谈中国传统文化的现代价值 [J]. 作家天地，2022（17）：34.

[52] 李若萌 . 中华优秀传统文化创造性转化与创新性发展研究：焦点与展望 [J]. 文化创新比较研究，2023，7（32）：86.

[53] 商志晓，王友琛 . 论中华优秀传统文化的现代转型 [J]. 理论学刊，2024（3）：50.

[54] 宋小霞 . 中华优秀传统文化创造性转化与创新性发展的路径 [J]. 东岳论丛,2019,40（2）：125.

[55] 韩升 . 全面理解人类文明新形态的主体性维度 [J]. 东岳论丛，2024，45（7）：77.

[56] 申海燕 . 在思品教学中培养学生民族文化认同感 [J]. 中学教学参考，2012（36）：40.

[57] 韩泽 . 中华优秀传统文化创造性转化与创新性发展主体自觉研究 [D]. 长春：东北师范大学，2023：36.

[58] 塞缪尔・亨廷顿. 文明的冲突与世界秩序的重建 [M]. 北京：新华出版社，1998：358.

[59] 魏驰 . 中华优秀传统文化与马克思主义中国化时代化的融合发展路径 [J]. 中共太原市委党校学报，2023（6）：30.

[60] 陈婷非 . 全球视野下马克思主义中国化的发展与挑战 [J]. 今传媒，2024，32（8）：90.

[61] 周玉姣 . 马克思主义基本原理同中华优秀传统文化相结合的实现路径研究 [D]. 郑州：郑州轻工业大学，2023：15.

[62] 安永友 . 马克思主义基本原理与中华优秀传统文化相结合的三个维度 [J]. 中共桂林市委党校学报，2024，24（2）：61.

[63] 胡熙涵，吴辉 . 马克思的意识形态批判性建构理论及其当代意义 [J]. 学理论，2022（2）：30.

[64] 文吉昌 . 马克思主义基本原理与中华优秀传统文化相结合的重大意义 [J]. 学理论，2023（5）：8.

[65] 王绍哲 . 推动社会主义核心价值观融入企业文化建设 [J]. 企业文明，2024（7）：77.

[66] 陈骁缘 . 新时代中华优秀传统文化同马克思主义哲学原理的契合相通研究 [D]. 大庆：东北石油大学，2023：40.

[67] 李海燕 . 马克思的辩证唯物主义的精神内核与时代价值——读《关于费尔巴哈的提纲》第一条 [J]. 今古文创，2023（21）：83.

[68] 刘冬冬 . 科学和哲学：历史唯物主义的双重向度释义 [J]. 思想理论战线，2024（4）：51.

[69] 刘同舫 . “第二个结合”与文化主体性的巩固 [J]. 思想理论教育，2024（1）：4.

[70] 李怀涛，杨文烨 . 中华优秀传统文化“双创”的路径探析 [J]. 首都师范大学学报（社会科学版），2023（4）：1.

[71] 张立英 . 构建中国特色哲学社会科学话语体系，逻辑学何为？ [J]. 新文科理论与实践，2023（4）：88.

[72] 钱燕娜 . 新时代坚定中华文化自信自强之必然性探赜 [J]. 天水行政学院学报，2024，25（2）：34.

[73] 王志英 . 新形势下文物考古信息资源数字化建设研究 [J]. 收藏，2023（8）：128.

[74] 杨坤林 . 马克思主义文化观中国化时代化的历史演进与现实启示 [J]. 江汉石油职工大学学报，2024，37（3）：81.

[75] 蔡岩，王广宇，徐铭阳 . 马克思主义文化观视域下的中华优秀传统文化“双创”研究 [J]. 林区教学，2024（3）：5.